从零开始做运营 2

张亮——著

中信出版集团 | 北京

图书在版编目（CIP）数据

从零开始做运营．2 / 张亮著．-- 北京：中信出版社，2019.10（2024.11重印）
ISBN 978-7-5217-0986-5

Ⅰ．①从…　Ⅱ．①张…　Ⅲ．①互联网络－应用－企业管理－运营管理－基本知识　Ⅳ．① F273-39

中国版本图书馆 CIP 数据核字（2019）第 189542 号

从零开始做运营 2

著　　者：张　亮
出版发行：中信出版集团股份有限公司
（北京市朝阳区东三环北路 27 号嘉铭中心　邮编　100020）
承 印 者：北京通州皇家印刷厂

开　　本：880mm × 1230mm　1/32　　印　　张：9.5　　字　　数：172 千字
版　　次：2019 年 10 月第 1 版　　印　　次：2024 年 11 月第 7 次印刷
书　　号：ISBN 978-7-5217-0986-5
定　　价：59.00 元

在未来的时代中，有运营嗅觉的产品经理和
有产品思维的运营人将会获得更多的机会和
更大的发展空间。

专家推荐

以张亮的运营建议去开展日常运营工作，对你的对手来说，简直是降维打击……这本书会帮助你找到往更高层次发展的潜力和机会。

——刘润　润米咨询创始人、《刘润·5分钟商学院》主理人、微软前战略合作总监

我于2016年加入平安银行，大力推进平安银行零售的智能化转型。在这个过程中，我发现我们的领导及员工亟须提升关于互联网产品和运营的知识和技能，因此我给团队推荐了《从零开始做运营》，将其列为平安银行互联网人及传统金融人的必读书，这本书也得到了平安银行员工的肯定。今天我拜读了《从零开始做运营2》，全书结构及叙述逻辑得到了很大的优化。《从零开始做运营2》从用户运营、活动运营讲到会员体系，最后讲到运营管理及职业规划，更加体现了“以用户为中心”的理念，我向你特别推

荐这本书。书中关于其他方面的优化，请朋友们慢慢体会。

——蔡新发　平安银行行长特别助理

张亮谦虚了，这本书与其说是“从零开始做运营 2”，不如说是“从零开始‘带’运营”。他把自己这几年的运营心得倾囊相授，回答了所有的“怎么做”背后的“为什么”，这非常有利于建立一个运营团队的共识。而建立共识，显然是任何一个想要提升运营效率的团队应该做的第一个动作。

——蔡钰　得到大学教研长

关于运营图书的写作，张亮可以说起了个头。一晃三年过去，很高兴看到张亮又写了《从零开始做运营 2》。我特别认同他在书中提到的“有运营嗅觉的产品经理和有产品思维的运营人将会获得更多的机会和更大的发展空间”的观点，它揭示了岗位名称背后的本质。

——苏杰　良仓孵化器创始合伙人、《人人都是产品经理》作者

2018 年，我的关于增长黑客的作品刚刚出版，当时我对国

内的“运营”职位充满了好奇：产品运营、用户运营、活动运营……似乎什么都可以运营。

后来有幸和张亮等业界“大牛”认识并交流，我才发现运营在一定程度上就是“中国的增长黑客”——借助内容、渠道、用户、活动等多种手段，帮助产品最大化地完成业务目标。只不过运营的手段更偏营销，而增长黑客的手段更偏产品。二者切入点不同，但殊途同归，它们完全可以借鉴对方的先进经验：增长黑客可以借鉴运营的个人化和灵活性，运营可以借鉴增长黑客的自动化和数据驱动。

运营小伙伴的职业生涯往往从单点开始，但如果你想从入门级运营人成长为运营总监，那么对产品和业务的理解、对数据和策略的把控是让你在一众竞争者中脱颖而出的绝对亮点。《从零开始做运营 2》就给运营小伙伴们提供了这样一份向下一个职业高点进阶的指南，让你有一种“会当凌绝顶，一览众山小”的感觉，千万不要错过。

——曲卉　《硅谷增长黑客实战笔记》作者、
增长黑客网前增长负责人

我与张亮认识五年了，他见证了我创办的创新创业服务机构“阿仁加速器”的孕育和成长。从传统企业的互联网升级到孵化早期项目，再到实现极速发展，张亮的运营见解从不浮夸，直接结合战略进入战术、战法。阅读张亮的作品会很快获得应用反馈闭环，期待更多人能够把张亮所传授的能力和知识，转化为项目发展的生产力。

——蒋晓捷　阿仁加速器创始人

虽然互联网运营的入行门槛低，但做好运营的难度却很大，业内常出现新手众多、高手难求的情况。张亮在书中分享了用户运营、活动运营、会员体系等方面的实操经验，让你从入门到精通。

——杨左使　简书产品总监

读者热议

在流量越贵、用户越需要精细化运营的互联网时代，我们总是四处拼凑运营相关问题的答案，但是《从零开始做运营 2》将让我们对运营有一个系统化、全面化的理解和把握，它能帮我们完成从 0 到 1 的破局，再完成从 1 到 100 的升华。相信这本书无论对零基础从业者的工作还是对有经验从业者的工作都会有很大的促进和升华。

——圆圆　用户运营

运营并不仅仅代表一个工作，它更是一种可以运用到生活方方面面的思维方式。运营工作不仅需要深度思考，更需要细致执行，这是做运营工作的人或者任何一个成年人都应该具备的能力。很幸运，亮哥在几年前就把这些道理告诉了我们，让我们可以快速地成长，并避免“踩坑”。当别人都在讲“术”和套路的时候，只有亮哥在真诚地告诉大家有关价值观的正确的“道”。希望每一位阅读亮哥文字的人，都能够从中获取自己想要的、喜欢的、适合的知识。

——柳炜杰　嘿市用户运营

我有 5 年运营经验，没有领路人，靠自己慢慢摸索、总结经验。《从零开始做运营》是我系统学习运营的启蒙书。虽然书中提到的很多内容我都有过实战经历，但读过全书后我依然有一种和高手过招的快感。运营是一个迭代速度很快的工作，当旧内容无法满足读者的时候，《从零开始做运营 2》上市了。希望亮哥的书能像周杰伦的歌一样，陪着我走完这条运营人生路。

——赵亮　八年如一日

当我身处职业迷茫期、想转行却又不知道能做什么工作的时候，我无意间读了《从零开始做运营》这本书，获益匪浅。当时，恰巧公司要做一个活动，我就自告奋勇，按照书中的思路依葫芦画瓢，尝试着写了一个活动方案。没想到，我的方案不但被公司采纳，还得到了客户的嘉奖。哈哈！我会一如既往地支持作者以及他的新书《从零开始做运营 2》。最后，感谢作者让我在迷茫的时候找到方向，让我在焦虑的时候充满底气。

——李梓萌　区域经理

《从零开始做运营》这本书就像我的一位导师，带领我进入了运营的世界，了解到从体系化的角度做运营的方法。经历了从“杂乱无章”到“有序思考”的实践之后，我发现自己在日常的运营工作中总是会遇到一些依靠之前的知识无法解决的新问题，《从零开始做运营2》希望可以帮助正在“升级打怪”的我和其他互联网运营人，让我们产生一些不一样的思考，并持续保持对运营的热情和好奇心。

——周婷　爱问医联运营

运营是一个很烦琐的工作。很多时候，我们都会陷入工作的“泥泞”中，甚至有时会产生自我怀疑。每当我处于这个时期，我都会戴上耳机，从头开始读一遍《从零开始做运营》。每次读完这本书，我都会获得自己想要的东西——方法、方向或目标。所以《从零开始做运营》对我来说不仅是一本好书，它还是我的伙伴，更是我的老师。《从零开始做运营》是一个路引，在运营的分岔路上指引着我往正确的方向前行。期待《从零开始做运营2》。

——苏彦瑜

作为运营人，我一直都在摸索如何提升用户参与度，如何让用户有更好的持续体验，如何让产品更高、更快、更平稳地成长，这些都是关于渠道、数据、商务、活动的各种思考和求索。《从零开始做运营》一书内容浅显，思路清晰，为我两年的运营工作提供了指导，让我不再是运营“小白”。这本豆瓣高分运营入门书值得一生拜读。

——教育行业做内容做到崩溃的小栗子

2015 年，因机缘巧合，我入职了重庆一家互联网创业公司。我从渠道客服的工作做起，正式开启了真正意义上的运营工作。那时的我还不清楚自己从事的工作是运营工作。直到 2017 年，当我第一次阅读《从零开始做运营》这本书时，我才发现原来我这个职位不是“渠道”，而是“互联网运营”，而那个时候的我已经野蛮“生长”了两年多。我也终于明白自己原来走的路有弯有直，有走偏但没走错。我还在重庆这个互联网氛围一直不太好的地方结识了做运营的朋友，大家的共同点之一就是看过这本书。这是一本从功能性上很贴合运营实际的书。我后来有幸带过几个新人，我都向他们极力推荐了这本书，因为它可以让大家少走弯路。写到这里，我的脑海中就会浮现出书中关于运营的定义……等待了好久，《从零开始做运营 2》终于要出版了。

——在重庆做运营的安澜

这是一本务实的运营教科书。我很期待《从零开始做运营 2》面世。我从 2014 年开始做内容和用户的运营工作，并开始关注亮哥，如今我已有 5 年的工作经验。在运营的路上，我一直紧跟步伐没掉队。我从亮哥的文章和思路中，学到了很多知识。有时候，没有工作思绪了我就会去看看之前的推文。和朋友聊天，我会给他们推荐亮哥和“张记杂货铺”公众号，我的推荐理由是，亮哥的文章没有花里胡哨、不切实际的空理论，只有接地气、有价值的建议。跟着亮哥学运营，不会局限于工作，对打开思路、规划生活、提升思考力和执行力都很有帮助。想成为什么样的人，就得找到你学习的对象，慢慢靠近他。标杆一直立在那里，就看自己付出了多少努力。期待《从零开始做运营 2》的出版，我也会在自己的小圈子里推荐和分享这本书，因为良心作品值得让更多的人看到和关注，不是吗？

——火火　用户运营

提升能力，保持初心。我是《从零开始做运营》的忠实读者。我第一次读这本书的时候，算是学习理论知识。我再读它的时候，由于已经踩过一些坑，所以对于书中的一些知识点，我的感触会比第一次深很多。有一段时间，我在准备面试，当时我重点阅读了这本书中关于职场的章节，并做了深入思考。《从零开始做运营》

对入行不久的运营人的工作方法和思考路径均起到了规范作用。现在，我们终于迎来了《从零开始做运营 2》，非常感谢亮哥能在百忙之中坚持完成这本书的创作，我相信这本书一定会带给我们更多的思考和启发，陪伴着我们这些运营人提升运营能力，保持初心不变。

——徐敏　用户运营

推荐序

不知道大家注意过没有，这几年，“运营”这个词很热，而且它多半和“互联网公司”结伴出现。像中石油这样的传统国有企业、中国工商银行这样的国有银行几乎不与“运营”这个词搭边，它们只涉及另外一个词——“经营”。

为什么“运营”多半和“互联网公司”结伴出现？我们需要透过现象来观察本质。

与传统企业的传统业务相比，互联网公司的业务要“轻”得多，有些业务甚至不涉及“销售”实物，而仅仅是“售卖”体验。大部分互联网公司的主要工作是在电脑前完成的，主要产品是一个网站或者 App。网站和 App 有一个非常明显的特征，就是可以“后台升级”。出于这个特性，很多互联网公司就开始关注产品背后的运营逻辑。

因此，大多数网站和 App 属于运营式产品，而非交付式产品。

什么是交付式产品？打火机、粉笔、商业书籍，这些都是交付式产品。产品卖给你，你们之间的关系就结束了。

什么是运营式产品？社群、网站、《刘润 · 5 分钟商学院》都是运营式产品，这些产品必须根据用户反馈不断进行自我优化。

公司卖出交付式产品后，就如释重负了——终于结束了。

公司卖出运营式产品后，却如临大敌——这才刚刚开始。

运营式产品，是一个“活”的产品，它一天都不能停止“生长”。运营即产品。

如何做到运营即产品呢？畅销书《从零开始做运营》的作者张亮认为，应从做好用户运营、内容运营和活动运营入手。

估计很多运营人都读过张亮的《从零开始做运营》这本书，它带起了互联网运营类图书的出版热潮，对此，我毫不意外。

我和张亮结识于“得到”，因为我们都在得到上开了课程——我的课程是《刘润 · 5 分钟商学院》，他的课程是《有效打造你的个人品牌》。有一次，我在准备《5 分钟商学院 · 实战篇》课程内容的时候，需要了解更多有关运营的知识，于是向他讨教了一番。我们交往不多，但是他对运营的看法让我很有共鸣。

张亮在互联网领域工作了十多年，并深耕于运营这个领域。他最擅长的是什么？就是用户运营、内容运营和活动运营。换句话说，互联网运营的核心技术，尽在他的掌握之中。

这次，我从张亮那里提前看到了这本书的内容。我觉得内容很有意思，且书中的知识都是运营人必须掌握的基础知识。但经过他的解释，我们更加清楚这些知识背后隐藏的细微门道。

张亮坚信，不管做哪一种运营工作，运营人都永远在和三件事打交道：用户、内容和活动。所以在这本书里，他以自己一贯的坦率和务实态度，对运营的核心工作进行了剖析。他基于对有关实例的长期、多角度的观察，为运营中存在的问题提供了逻辑清晰的解决方案，既简单又实用。以张亮的运营建议去指导日常运营工作，对你的对手来说，简直是降维打击。

这些年来，因为运营的入行门槛低，所以很多人误打误撞进入了这个行业，且其中的一些人发展得不错。但是现在这个行业的门槛正在建立，职业化和标准化程度日益加深。不过，很多运营人因无法接触到更好的实践机会而得不到个人能力的提升，进而无法满足市场对更高层次的运营人的需求。

这就好比有人在小县城开了大半辈子车（每天开车就走一条主干道，路面上的车不多，周围的停车位也很充足），自然无法适应大城市的路况。这是因为大城市的交通规则相对复杂，比如部分路段要求机动车必须行驶至辅路方可右转，再比如个别路口是三岔路，需要驾驶者迅速辨别方向并正确行驶，否则就不得不走一大段“冤枉路”。对于习惯在小城市开车的人来说，这些都属于“超纲”规则。

同样地，很多运营人的工作重复单一，缺乏创造性。如果仅仅靠自己在工作中长期的摸索、学习和积累，而没有遇到提升个人能力的机会，就很难真的成为一个优秀的运营人。

我这样理解基本功和顿悟之间的关系。

有一次，我和几个朋友一起吃午饭，我们都拿了橙子作为餐后水果。其中的一个朋友突然来了兴致，随手拿起橙子，抛向空中。他就像在为我们表演杂技一样，三个橙子在他的两只手中抛起落下。我惊讶地问他："你是怎么做到的？"他说："这很简单。你只需要记住一件事——永远有一个橙子在空中，两个橙子在手上。一旦空中那个橙子到了顶点开始往下落，你就把左手的橙子抛向天空，然后再把右手的橙子交给左手，再接住正在下落的那个橙子就可以了。"

他说得如此"平淡无奇"，而我却感到"醍醐灌顶"：原来真的就这么简单，问题的关键就是要判断出空中的那个橙子下落的时间点！

但是这件事过去至少已经有 10 年了，我到今天依然不会抛橙子。抛橙子的技巧是少林寺扫地僧手上的秘籍。如果你真想把"橙子"抛起来，就需要不断地练习马步站桩，20 年苦修，一天都不能省。

他的"平淡无奇"和我的"醍醐灌顶"，是一种鲜明的对比。这在他看来再平常不过的东西，其实是他的基本功。而我就算明白了其中的奥妙所在，没有基本功的加持，同样也做不到。

只琢磨、不学习的人，只会成为知识界的"民科"——不断发明新轮子，形状不同，大小不一；只是勉强能跑，但终究无法匹配厢式卡车，成不了大事。

所以，所谓顿悟，就是学习之后的豁然开朗，是苦练十载之后的无招胜有招。顿悟就好比我们在学骑车时，摔了无数次之后，最后突然掌握平衡的那一刻的感受。

基本功是顿悟不出来的，我们只能扎扎实实地学习基本功。而学，就得从最厉害的人物身上学，这才是入门的关键。

对运营人来说，张亮就是这样一个人物。

随着运营越来越受到关注，运营人的春天是不是就快来了？我看未必，反而可能是寒冬将至。为什么？我很认同张亮在《从零开始做运营2》中表达的观点：

> 因为这个职业、这个行业的门槛正在建立，很多人会被淘汰。因为这两年人们对“运营”概念的追捧过于热烈，所以会困惑于运营人未来的发展方向究竟是什么。甚至因为行业特色的原因，运营人将在不同的行业中面临挑战。
>
> 运营工作从来没有像今天这样对“与时俱进”有如此高的依赖与要求。我们当前生活的年代，科技爆发，各种终端不断更新，互联网能够覆盖的地区与场景越来越多，地铁里也可以使用 Wi–Fi（无线上网），下一步，私家车也会成为互联网的流量入口……由于介质变化、载体变化，运营手段的

迭代需求也越来越紧迫。

总结下来，就是运营越重要，对运营人的要求就越高，学习的难度也就越高。而且运营人只学习运营还远远不够，需要对自己有更高的要求。张亮在《从零开始做运营 2》里告诉运营人怎么自我迭代，怎么提升运营大格局，怎么把握大局观和节奏感。张亮认为："大局观和节奏感实际上是初级运营和高级运营的分水岭。"我很赞同这个观点。这两点不仅决定了运营人的格局，也决定了运营人所在公司的运营层次；它们有助于运营人在为公司打造更具个性、更有品位的品牌的同时，实现自我精进。

"在未来的时代中，有运营嗅觉的产品经理和有产品思维的运营人将会获得更多的机会和更大的发展空间。"我借张亮这句话送给所有运营人，这本书会帮助你找到往更高层次发展的潜力和机会。

刘润

润米咨询创始人

《刘润 · 5 分钟商学院》主理人

微软前战略合作总监

目　录

第三章　兴奋剂与助推器：活动运营

第四章　忠诚度工具与激励体系

第五章　从执行到管理

前　言

这是运营最好的年代。在《从零开始做运营》的后记里，我曾自问能否带动互联网运营图书的写作热潮，现在看来，与运营图书写作热潮相伴而来的是运营的职业化和标准化程度日益加深。

与许多资深运营人一样，我经历过运营的洪荒年代。那时的运营工作没有标准，所以充满了各种机会。随着职业化和标准化程度日益加深，以后互联网运营的门槛会越来越高。这意味着我们进入了一个新的阶段，面临新的机会和挑战。

2018 年，我关注和参与了很多关于运营的讨论，让我感受最深的莫过于业内对“增长”的推崇。关于“运营”和“增长黑客”的异同，我觉得用两句话就可以讲清楚。

第一句话：虽然名称不同，且岗位人员数量有差距，但是中国的“运营”和美国的“增长黑客”实际上是一回事，只是由不同规模的人来完成。

第二句话：中国的商业竞争更加激烈，对模式创新的诉求比美国更加强烈，但美国对数据驱动的研究比中国要更加深入、更注重标准。

这些年，产品与运营的关联越来越紧密，有些产品经理具备惊人的运营嗅觉，而有些运营人也开始写需求文档，产品和运营终于不再那么泾渭分明了。事实上，这两个岗位本身就应该是融合的，甚至它们曾经是一体的。所以，在未来的时代中，有运营嗅觉的产品经理和有产品思维的运营人将会获得更多的机会和更大的发展空间。

我一直坚信：产品是 1，运营是 0。一款产品是否能够活得好、活得久，还是要看产品本身的质量，但让产品从“苟活”变为“潇洒”，是运营人的职责。

说到运营人的职责，我并不是以新媒体运营、类目运营、活动运营、数据运营这些职能来做划分的。我认为不管什么“运营”，运营人永远在和三件事打交道：内容、活动、用户。而这实际上是对工作内容的划分。

针对工作内容的划分是指不管你的头衔是什么，只要你从事运营工作，你就要对内容、活动、用户三方面的工作负责，而指导这些工作顺利开展的核心，就是你要充分了解数据，并能利用数据去挖掘一切运营的可能性。

所以，在这本书里，你会发现我依然在讨论内容、活动、用户，但是这本书里的这些内容和之前出版的《从零开始做运营》可以说完全不同。

不同点在哪里呢?

首先，认知升级。经过三年的时间，我认为用户运营是一切运营工作的基础，所以这本新书从用户运营开始讲起。

其次，细节表达和对相关案例的长期与多角度的观察。有很多很成功的产品，其看似复杂的运营动作的背后其实是非常简单的逻辑和持之以恒的优化，所以我把我观察到的这些案例与你分享，你会发现，我们可以从一个案例里得到更丰富的内容。

再次，我拿出了自己的看家本领，也就是会员积分体系经验。我相信自己在这个领域里超过五年的经验积累，可以帮助大家解决关于会员积分体系的问题和一些困惑。

最后，我增加了我并不太擅长但又有自己坚定认知的管理方面的内容，希望可以给带团队的读者更多的帮助。

如果说《从零开始做运营》侧重于为想入行和刚入行的运营人答疑解惑的话，那么现在这本书就是为工作 3~5 年之后的运营人，甚至需要带领团队、独立负责产品线的运营人提供一些我自己的运营经验，当然还有教训。

在《从零开始做运营》中，我曾定义“运营”为：一切能够帮助产品进行推广、促进用户使用、提高用户认知的手段。

在这本书中，我需要更新这个定义，以消除一些误解。运营是一切能够帮助产品进行推广、促进用户使用、提高用户认知，并基于用户达成商业目标的手段。

其中，商业目标应该是具象化的东西，用户规模、用户贡献、交易付费都可能是商业目标的一环。运营就是要聚焦商业目标，而不是脱离商业目标而存在，单纯为了情怀而开展的运营，是不可能具备长期生命力的。

虽然这是运营最好的年代，但同时这也是运营最坏的年代。

因为这个职业、这个行业的门槛正在建立，很多人会被淘汰。因为这两年人们对概念的追捧有些过于热烈，所以会困惑于运营人未来的发展方向究竟是什么。甚至因为行业特色的原因，运营人将在不同的行业中面临挑战。

运营工作从来没有像今天这样对“与时俱进”有如此高的依赖与要求。我们当前生活的年代，科技爆发，各种终端不断更新，互联网能够覆盖的地区与场景越来越多，地铁里也可以使用 Wi-Fi（无线上网），下一步，私家车也会成为互联网的流量入口……由于介质变化、载体变化，运营手段的迭代需求也越来越紧迫。

跟上时代、不被淘汰，这可能是这本书的写作初心。

这本书从一开始就没有定位于简单的升级版或者补遗版。相信你读完全书之后，会对此有非常明确的感受，也欢迎你将其与我分享。在你需要的时候，你可以很方便地找到我。

最后，希望每一位读者都能够“不念过往，不畏将来”，永远做最好的自己。

前言到此，正式开聊。

第一章
再聊运营

运营的屁股

在实际工作中，所有运营人都会碰到一些类似的问题。

- 产品经理和开发人员的话语权很高，运营人的话语权很低，可运营人又要对KPI（关键绩效指标）负责，在这种情况下，运营人应该怎么去推动产品经理和开发人员，使他们与自己的目标一致？
- 老板很喜欢讨论用户体验，但用户体验的界面是产品经理设计出来的，运营人到底要做什么来体现价值？
- 这几年，运营职位受到了市场热捧，自己也入了门，但入了门才发现这里面似乎是迷宫，绕来绕去，让人不知所措。如何才能找到线索，让自己有所突破？

…………

此外，也不乏关于自己的未来、薪资发展的令人焦虑的问题。可以说，如果你真的从零开始做运营了，你就必然会在某个时刻碰到这些问题，或许还会碰到更多的问题。

我们常说“屁股决定脑袋”，并不是说没有思考能力的器官可以决定有思考能力的器官如何思考，而是说，你所处的位置和你所代言的利益决定了你如何做判断和决定。因此，解决上述困惑的关键就是要清楚作为运营人，自己的“屁股”究竟要落在何处。

产品经理们通常会以“我做这样的设计，是为了降低用户操作的成本”“把这个按钮放在手机的左下角，是因为右撇子比较多”为理由。

Pinterest 是一家美国图片社交公司，自它正式运营以来，其主页就一直有一个叫作“Pin it”的按钮，这个按钮的意思是“将你看到的内容保存（收藏）到 Pinterest”（见图 1–1）。

长久以来，“Pin it”的按钮有两个作用。

- 帮用户保存图片。
- 帮 Pinterest 提升品牌认知。

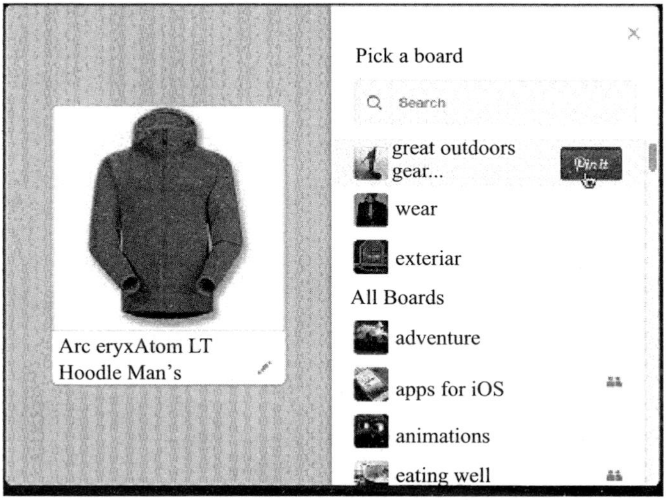

图 1-1 Pinterest 主页

但是，当团队将产品推广到其他国家时，数据发生了变化，用户的激活率、留存率都很低。产品经理们一脸茫然，不知道问题出在何处。于是，其中一名产品经理去做了一次用户访谈，发现之所以出现这种情况，是因为很多用户并不明白“Pin it”是什么意思。当对产品的认知出现障碍时，用户自然不知道如何使用它。一是用户会因感到莫名其妙（不知道这个产品的用处到底是什么）而流失；二是流失的用户会告诉其他人，不要使用那个莫名其妙的产品。

接下来，Pinterest 团队做了一个 A/B 测试，分出了两组用户，其中一组用户保持原状，使用“Pin it”按钮，另一组用户则将使用取代“Pin it”按钮的“Save”（保存）按钮。测试结果表明，Save 组的用户激活率、留存率相比 Pin it 组都得到了明显的提高。

2016 年 6 月，陪伴了 Pinterest 很久的“Pin it”按钮被“Save”按钮正式取代（见图 1–2）。

图 1–2 “Save”按钮正式取代“Pin it”按钮

在这个故事里，产品经理的“屁股”是坐在用户这一端的。如何让用户克服在使用产品时遇到的种种障碍，是产品经理思考的主要方向。

因此，产品的可用性（系统是否稳定，功能或页面的切换是否平滑自然等）与产品的易用性（是否好用，是否能让用户轻松上手体验，是否能让用户在使用过程中遇到较少的阻碍等）是产品经理需要耗费大量时间和精力去解决的问题。同时，用户真实的需求究竟是什么，当前的产品是否能予以满足、能否做得更好，就是产品经理经常需要自问与讨论的重要事项。

那么，运营人呢？

从运营这个职能诞生之日起，运营人的“屁股”就是稳稳当当坐在公司这一端的。无论你负责何种产品的运营，无论你做的是哪一类运营工作，你工作的主题永远都是 KPI，因为没有 KPI，运营就没有价值。当然，你也会吐槽 KPI，比如当你需要对没有遵照规律定义出来的 KPI 负责时，你就会觉得压力很大。

我们必须先定义清楚运营的“屁股”，然后我们才能谈运营人的职责。

让我们再复习一下《从零开始做运营》中的运营定义：一切能够帮助产品进行推广、促进用户使用、提高用户认知的手段。运营的目标就是让产品活得更久，活得更好。

当你明白你的“屁股”坐在公司这一端时，你才可能对运营的工作有一个大概的了解。

- 运营是为了公司完成最终的商业目标设立的岗位，所以我们要制定或遵守一些规范，以此对用户的行为进行管理，并让用户在运营规范下心甘情愿地做贡献。
- 无论是拉新、活跃还是留存，它们都是围绕用户规模和每用户收益计算价值的。所以，运营是保障公司的商业模式落地的重要手段。

“屁股”坐在用户那里，可以降低用户使用产品的门槛，带来亲切感。而“屁股”坐在公司这里，可以实现最终的商业目标，不浪费其他人付出的精力。

“屁股”坐错了位置，就会妨碍人们以正确的角度思考。

举一个例子。我做完数据分析后，针对用户在某个特定场景下的表现写了一个报告，让公司的实习生参与后续的工作。

他看到报告的分析部分后提出了疑问：“老大，我认为这里这么表达可能有点儿问题。”

我问他是什么问题，他从使用者的角度列举了一些他的看法。

我告诉他：“如果今天你是一个产品经理，那么我会更赞同你的说法。因为站在用户的角度，你提出的问题是可能存在的。但是，我写这个报告的初衷是，站在公司的角度，对产品提出改进建议。这个建议提出的背后是一个假设，如果这个假设不成立，我们就需要用数据证明，而不是通过猜测。”

这是“屁股”的价值。

之所以会谈论到“屁股”，是因为如今有太多的运营人并不清楚自己究竟是在为谁工作。

自从小米通过粉丝运营获得了增长之后，很多公司就开始学习这个运营模式。有些公司学成了，有些公司却没有学成。但不管是否学成，有了这个标杆，很多公司就开始强调用户体验、用户声音。以用户为中心，确实是很重要和关键的一点，但如果过于追求这样的价值观，往往就会让运营工作陷入尴尬的境地。尤其是，如果刚成长起来的运营人过早接触到这些价值观，就很容易在工作中走偏。

我们不妨讲两个耳熟能详的故事。

第一个故事是福特造车。

100 多年前，福特公司的创始人亨利·福特到处问用户：“您需要一个什么样的更好的交通工具？”几乎所有用户都回答：“我要一匹更快的马。”

很多人听到这个答案的第一反应是跑到马场去选马配种，以满足用户的需求。但是福特没有这样做，而是接着往下问。

福特：“你为什么需要一匹更快的马？”

用户：“因为这样我就可以跑得更快！”

福特：“你为什么要跑得更快？”

用户：“因为这样我就可以更快地到达目的地。”

福特：“所以，你要一匹更快的马的真正用意是什么？”

用户：“用更短的时间更快地到达目的地！”

于是，福特没有跑向马场，而是选择了制造汽车。

靠谱的产品经理会洞察到用户想要更快的马的原因，并据此分析出用户需要更快的马的真正原因是为了更快地到达目的地。

那么，只要设计出一款能够帮助用户更快到达目的地的产品，这件事就搞定了。

第二个故事是钻头与洞。

美国营销大师菲利普·科特勒讲过这样一个故事。

> 一个顾客来到一家五金店问店主：“你们家有 12 寸的钻头吗？”这家店主说：“没有，只有 10 寸的钻头。”于是顾客就走了。
>
> 他来到第二家店，问店主：“你们家有 12 寸的钻头吗？”店主说：“我们家只有 10 寸和 11 寸的钻头。”于是他又走了。
>
> 他来到第三家店，店主还是同样的回答。
>
> 到了第四家店，他问店主：“你们家有 12 寸的钻头吗？”
>
> 店主说：“没有，我们只有 10 寸和 11 寸的钻头，但是不知道您需要 12 寸钻头做什么用？”
>
> 顾客回答：“哦，我们家正在装修，需要钻一个 12 寸的洞。”
>
> 店主说：“原来是这样啊，我们家的 10 寸钻头就可以帮您这个忙。您用 10 寸的钻头钻洞，钻好后稍微往四周深入打磨一下就有 12 寸的洞那么大了，而且 10 寸钻头比 12 寸钻头的价格便宜很多，更经济实惠。”
>
> 顾客想了想说：“真如您所说？”

店主回答："管不管用，您试试不就知道了吗？"

于是第四家店的店主成功卖出了 10 寸钻头。

这就是著名的"用户要买的不是钻头而是洞"的故事。

这两个故事所传达的重要信息都是"倾听用户的声音，但不是他们说什么就去做什么"。

事实上，不仅产品经理会碰到这样的问题，运营人同样也会遇到类似的问题。

譬如，客服中心收到的用户投诉表明，用户希望某些商品可以以更低的价格出售，但如果这个时候，你仅仅把"降价可以增加销量"当作唯一的结论，那么你就错了。

此时，你应该回过头来看看数据。

- 这些投诉者对商品的需求量是否足够大。譬如，一定周期内，这些投诉者是否访问过该类商品的页面，在页面上平均停留多长时间，点击了哪些内容。
- 他们平时是否积极参加官方的折扣降价活动？是否买过正价商品？他们的平均付费率和付费金额能否证明他们具有较强的购买力？
- 买过该类商品的用户的行为和画像，与这些投诉者是否一致？如果有差异，那么差异表现在什么地方？一段时间内，

> 这两类人的消费频次、金额等是否有差异？甚至用户等级（如果有）是否有差异？

然后，你才能据此做出初步判断：一次有针对性的活动能否带来你想要的效果。

“屁股”坐在哪里非常重要，因为一旦位置是错的，其后果可能是灾难性的。

细节是魔鬼

我听过无数人和我说：“我想做运营，因为运营看起来并不难。”

运营真的不“难”，你可以在大街上随便去问一个人：“我要为京东做一次推广活动来提升销量，你有没有办法达成这个销量目标？”我敢说，他一定像看傻瓜一样看着你，并吐出一句话：“简单啊，你做个打折活动不就好了？”他说完这句话可能还要继续像看傻瓜一样看着你。可是，我接下来要说一个故事。

> 某虚拟运营商卖流量包，有 3 种充值方式可供选择，10 元充 100M[①]（1 元 = 10M），30 元充 500M（1 元 ≈ 16.67M），

① M，MB（兆）缩写。——编者注

50 元充 1G[①]（1 元≈20.48M），所有充值流量仅限当月有效。

运营人小王为了刺激用户充值，每个月月初会做固定的打折活动，10 元充值包打折后变成 7 元（1 元≈14.29M），30 元充值包打折后变成 27 元（1 元≈18.51M），50 元充值包打折后变成 47 元（1 元≈21.79M）。

小王对这个活动很有信心，因为在他看来，每种充值方式都能让用户尝到甜头，用户一定会因被折扣活动吸引而大量买入流量包。

活动持续了 3 个月，每个月的订单量和付费人数都有提升，但好景不长，活动在第四个月出现了问题——虽然订单量继续提升，付费人数也很稳定，但总金额却没有显著变化，单均金额与 ARPU 值（每用户平均收入）锐减。

小王对此疑惑不解，在他看来，用户能从 3 种流量包的优惠价格中，分别获得 1.43 倍、1.11 倍和 1.06 倍的收益。而且对用户来说，流量是每天都要用到的东西，因此用户持续购买、订单数不断提升是顺理成章的事情。那么，为什么 ARPU 值会倒挂？

于是，领导小李就做了一次数据核查。

通过数据核查，小李发现原本 10 元流量包、30 元流

① G，GB（千兆）缩写。——编者注

量包、50 元流量包 3 种商品的销量比大概是 4∶2∶4（假设一个月有 10 个人完成了 10 笔订单，此时的销售总额为 4×10+2×30+4×50=300 元，人均金额为 300÷10=30 元），但连续三个月打折后，销量比变成了 5∶3∶2（假设 15 个人完成了 20 笔订单，此时的销售总额为 10×7+6×27+4×47=420 元，人均金额变成了 420÷15=28 元），并且销售比正在向 6∶2∶2 的方向迈进。而更糟糕的是，前两个月的活动还能带来一波新用户，到了第三个月，新用户的数量增长居然停滞了。而老用户由原先购买一个 30 元流量包或 50 元流量包，变成了购买多个 10 元流量包来获得差不多的收益。用户并没有因为所有商品都便宜了就失去理智，他们反而认为，受流量包当月清零的影响，买大额流量包并没有什么价值，很可能因为多买流量包而造成浪费，进而让运营商因过期的剩余流量而获得收益。

于是，用户们就选择了看起来“最划算”（通过小额多次购买流量包的方式可以使用户获益更多）的方法来购买。

所以，运营最大的困难并不在于脱口而出的这些理论与常识。这些看起来很简单的大规律、大道理，绝大多数人都明白，可大多数运营人依然处于“听过了那么多的道理，但仍然做不好运营”的状态。

因为，运营难在洞察细节，而不是仅仅关注那些看得见摸得着的部分。

接着上面的故事，那么这家运营商接下来要怎么办呢？

改变充值标价？不现实，这会让此前的付费用户产生很大的负面情绪。

保持这种节奏？不可能，ARPU 值降低无疑是一种灾难。

于是，运营商想了一个办法：把 10 元流量包变成加油包，把 30 元流量包和 50 元流量包变成了“月包”，当月购买的流量，次月才清零，以此打消用户的“运营商会通过流量过期占我便宜”的顾虑。

产品上线之后，效果立竿见影，当月的 ARPU 值立即回升。

这些年，关于互联网运营的书越来越多，书中阐述的观点也越来越无懈可击。但到了实操环节，你才真正明白什么是“纸上得来终觉浅”。对于运营人来说，魔鬼就隐藏在细节之中。

请对比一下这两种文案，然后静下心来想想，如果你是用户，那么你看到了这两种文案分别有什么样的感受。

- 文案 1：× × 服务到期用户，请于 1 月 1 日—3 月 31 日登录官网续约套餐，逾期将停止服务且销号（无法续约）。有任何疑问可随时联系官方客服：123–123–1234。
- 文案 2：尊敬的用户，您的 × × 服务已到期，请于 1 月 1

日—3 月 31 日登录官网续约套餐，逾期将销号且无法续约。如果您有任何疑问，那么请您随时联系官方客服：123–123–1234。

不同的文案，传递的感情也是不同的。第一种文案采用严肃甚至有些高高在上的官方语气，这很容易让用户感觉不舒服，并且其行文有些许的阻滞感；第二种文案的表达则要温柔一些，并且也更顺畅。

虽然，它们对细节的处理不同，文案一在清楚表述事情方面是合格的，但是在拉近与用户的距离方面是不合格的。而文案二既说清楚了事情，又照顾到了用户的情绪，所以是合格的文案。

请注意，文案二仅仅是合格，而不是优秀。

在这两个文案背后，其实还有一个比较容易忽视的细节：假如用户在 1 月 1 日—3 月 31 日并没有看到通知，而 3 月 31 日以后又去做续费操作，那么整个流程和提醒的文案应该如何设计？

要知道，无论你是产品经理还是运营人，一旦有一个细节出现疏漏，就有可能带来你并不希望看到的结果。

非标与标准化

前些年，好多人说：“运营是一个‘没有门槛’的工作。”

即便是在今天，我想很多人还是这样认为。如果你不这样认为，我就有 100 种方法来让你这样认为。

美国培养一名专科医生需要 15 年，这 15 年大概是 4 年的本科学习 +4 年的医学院学习 +7 年的专科医生培训，最后还有专科医生考试。

如果你想成为一名民航飞行员，就需要通过层层面试与培训，承受通过率低于 2.5% 的落选风险，耗时两年半，甚至四五年的时间。

你读了四年师范专业，毕业后你想成为一名教师，结果你发现实现这件事的概率只有 30%，于是你更加倾向于继续攻读硕士，因为全国 1 000 万名教师中，拥有硕士以上学历的只有 1.22%，你认为硕士毕业会让你更有竞争力。

所以在前些年，不要求“专业对口”（实际也无法对口）、对工作年限也没有太苛刻要求的运营岗位，似乎并没有太高的入职门槛。

但实际上，如果你观察过对运营人的职位描述的变化，你就会发现，这十几年来，从最初的“热爱互联网”变成了“熟悉互联网”，后又变成了“有对口实习经验优先”。从最初的“不要求专业”，甚至“不要求本科”，变成了“本科是职位敲门砖”，又变成了“应聘者需毕业于 211、985 学校”。

表面看起来，这是在建立门槛，但其背后却是一个职位甚至一个职业，从无标到非标再到标准化的转变。

互联网在国内只有 20 多年的历史，所以，该职业的标准化进程并不算太慢。

在整个互联网工作标准化的过程中，书店里在售的“计算机”和“互联网”类书籍的占比和数量也有显著变化。

好多年以前，大概是 20 世纪 90 年代，书店的书架上根本就没有“互联网”类，有的只是“计算机与 IT”类。

最初火起来的是关于编程的书，如 C 语言、.NET 框架等，甚至还有系统操作方面的书，这类书中有 Windows（视窗）系统的界面截图，并详细地附上了不同功能的使用说明；接着火起来的是关于图片美化、网页设计的书，PS、3Dmax、网页制作“三剑客”（Dreamweaver、Fireworks、Flash）等[①]；到了 2010 年左右，与产品经理有关的书爆红，如苏杰的《人人都是产品经理》、王坚的《结网》等；而 2015 年之后，与运营有关的书受到了热捧，那么以后是什么？我猜测服务和会员管理的相关图书会火起来。这其实就是互联网的演进路线。事实上，互联网的演进路线和其他行业真的没有什么不同。我很喜欢蝴蝶互动的老板凌海对市场竞争三阶段的描述。

① PS、3Dmax、Dreamweaver、Fireworks、Flash，均为相关计算机软件。——编者注

- 第一阶段是产品竞争阶段，大家拼产品，比的是需求满足的能力。
- 第二阶段是营销竞争阶段，大家拼营销，比的是获客量与留住并让用户付费的能力。
- 第三阶段是服务竞争阶段，大家拼服务，比的是让用户认同品牌的能力。

互联网的早期，进入这个行业的人不多，产品设计无从谈起，最直接的需求是，有没有程序员能够帮你把一个产品做出来。请注意是做出来，而不是设计出来。

这就是产品竞争阶段的早期萌芽，比拼需求满足的能力，因为在这个阶段，大家的需求都很旺盛，而市场上的产品本来就稀少，所以用户更加容易“饥不择食”。

这个多年前的页面风格（见图 1–3），你熟悉吗？

你应该不熟悉，因为作为一个即将踏入互联网工作的新人，恐怕在这种页面风格流行的时候，你还在咿呀学语。

所以，从 20 世纪 90 年代到 21 世纪初期，书店里最早火起来的就是编程类的教材。这类教材的市场需求旺盛，谁能及时供应，谁就能获得市场。

慢慢地，书店里出现了图片编辑的教材、动画制作的教材。这是因为随着上网人群的扩大，简单的 CSS（层叠样式表语言）

页面已经不能满足网民的需求，带宽的增加让人们更愿意尝试上网冲浪，也进一步要求页面的美观和酷炫，这引爆了第一波美术设计热潮。而第二波美术设计热潮则是苹果手机 iPhone 3GS 在国内热卖之后，“美工”这一职业被直接上升到了“设计师”的高度。在这个阶段，大家看到的页面就发生了变化（见图 1–4）。

图 1–3 1997 年 7 月 14 日的苹果主页

图片来源：Internet Archive（互联网档案馆）的历史页面

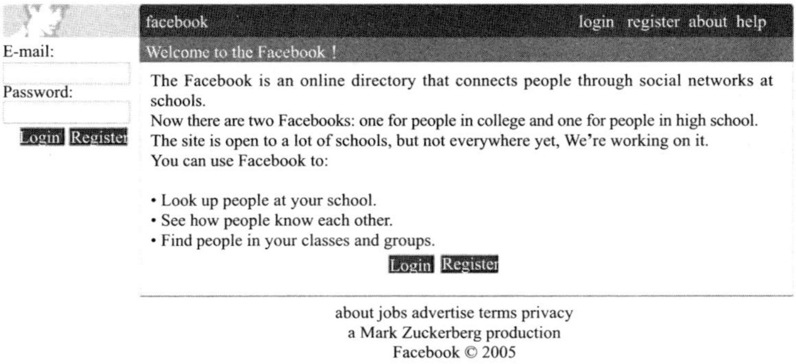

图 1–4 2005 年圣诞节的 Facebook（脸书）主页

这样的页面简单清晰，但依然是以文字为主，表达了略有不同的风格。如果你有兴趣，用 Internet Archive 的“时光机器”功能进行搜索，就会看到各种各样以今天的视角看，很有趣、很山寨、很无厘头的页面，它们就那样堂而皇之地作为“门面”放在当今世上最厉害的几家企业的网站上。

继续展示一下2005年的苹果主页（见图1–5），与今天比起来，它的风格完全不同，同时比起刚才展示过的 1997 年的页面，2005 年的页面已经出现了轮播的主页 Banner（横幅广告），页面布局从“报纸风”转向了“杂志风”，同时页面风格带有浓烈的水晶质感。这种质感曾被运用于老旧的 Windows XP 计算机操作系统的第三方主题中，并受到了用户的青睐。

市场迎来美术设计热潮的同时，也迎来了产品热潮。随着技术的进步、设计差距的缩小，产品差异化的要求越来越高，只有

图 1–5　2005 年的苹果主页，其水晶风格随后被 Windows 皮肤所借鉴

较早出现且具有独特性的产品，才能利用马太效应壮大自己。但如果产品本身差异化不足，那么就很难在竞争中获得有差异的用户。

举个例子，虽然国内很多人诟病 QQ 最初的创意来源于以色列软件 ICQ，但人们却没有考虑到，如果当时 QQ 不是选择将消息保存在服务器，而是保存在本地，其使用者就会在当年个人电脑不普及、上网不便利的年代，面临与 ICQ 的国内使用者一样的问题——网吧上网，换一台机器就要重新找一遍联系人。如果 QQ 只是单纯抄袭 ICQ 而没有创新，那么恐怕 QQ 也很难获得如今在社交领域的地位。

于是，产品经理这样一个洞察用户需求、设计功能差异的角色就进入了需求旺季，产品经理的职位开始快速标准化。等到产品经理这个职位的标准化完成之后，运营人的地位自然也就提升了。因为“酒香也怕巷子深”，产品实现了差异化，就需要运营人利用各种手段来获客和转化，运营人角色开始被强调。

我们如今生活在一个信息爆炸的时代，任意一个领域都会有很多能满足用户口味的产品。2015 年、2016 年网约车的搏杀刚刚过去，共享单车又在 2017 年卷土重来，第三方支付的市场里永远有一些企业瓜分一个很小的份额。

在这样的背景下，“运营”这个职位终于迎来了自己的标准化进程。

而这个进程开始的标志，就是从 2014 年年底、2015 年年初开始的运营书籍的相应问世。

事实上，关于产品与运营，我始终有几句话要说。

“运营”这个职位，其实有一定的本土特色存在。在所有互联网产品的讨论中，你会发现，我们永远在对比“Facebook 与腾讯”“谷歌与百度”“亚马逊与京东 / 天猫 / 淘宝”“Uber（优步）与滴滴”，等等。似乎全球的互联网企业只有美国与中国，其他国家的互联网产品，我们或者没有研究，或者根本没有听说过。

事实上，互联网还真的就被区分为美国模式与中国模式，这是两种完全不一样的模式。

美国模式不涉及“运营”这个职能。这些年，大家热烈讨论的是“增长黑客”，是“产品经理改变世界”的问题。

在实际的投融资领域里，美国做的是技术创新，而中国做的是模式创新。在这两种模式下，创新的驱动力不同，进而导致美国出现了工程师文化，而中国则没有类似的文化。

2018 年 9 月，我通过韩叙认识了在硅谷做增长黑客的曲卉，曲卉很好奇国内的运营主要涉及哪些方面。其实，国内的运营和硅谷的增长黑客是一回事，区别在于，运营强调个人能力，增长黑客则强调团队合作。

事实上，增长黑客就是基于一个增长模型，从产品、研发、市场，甚至运营的角度进行各种优化，从而达成增长目标的一个团队角色。这个模型叫作 AARRR，其中第一个 A 是指获取用户（acquisition），第二个 A 是指促进活跃（activation），第一个 R 是指增加留存率（retention），第二个 R 是指获取收入（revenue），第三个 R 是指推荐（refer）。

至于为什么硅谷需要一个团队，而中国则是需要一群零散的人？我询问了一些在海外做过增长黑客的运营人的看法，得到了如下的回答。

首先，美国互联网公司更多聚焦在产品层面的竞争，换言之，美国的互联网市场并不像中国这样复杂，竞争相对来说没有这么激烈，如果企业可以在产品竞争的层面打败竞争对手，那么就没必要参与营销环节竞争。同时，整合营销兴盛，而人员职责却没有明确的边界，于是，承担一部分其他团队成员的工作成为一种工作习惯。

但国内并没有这么好的环境让你去做这件事儿。各司其职、边界清晰是大多数公司对员工的要求。但总有一些事情是需要和其他部门进行互动的，并且也要有专人来承担这部分工作，运营这个职位就此应运而生。

当然，我个人认为，这其实也是中国互联网应用的丰富程度和竞争的激烈程度带来的一个副产品。

这并不难理解。

中国的人口众多，各个地区的发展并不均衡。譬如，在前几年竞争异常惨烈的O2O（线上到线下）领域里，绝大多数企业的绝大多数竞争都发生在北京，上海的O2O企业之间几乎没有激烈竞争。即使有竞争，也是为了解决温饱问题，大众点评也好，饿了么也好，都只是在解决温饱问题，而没有解决其他问题。因为现实是，即使同为一线城市，在生活的便利度上，北京也是远不及上海的，在上海随处可见提供熟食和盒饭的 24 小时便利店，而北京路边的商店却依然以烟酒杂货为主。知乎上有一个关于这个问题的最被认同的答案，其大意如下。

> 因为气候原因，在冬天，北京市民是不愿意出门的，所以便利店只能做半年的生意；同时又因城市规划的原因，北京的道路较宽且道路中间大多有隔离带，所以便利店只能做半条路的生意；而北京市民少有夜间消费的习惯，所以便利店只能做半天的生意。

北京的面积是上海的两倍，但便利店数量只有上海的一半，所以在便利性上，上海比北京更有优势，这也是 O2O 企业竞争在北京表现得异常激烈的原因。

而只要进入了竞争，总归逃不过三个阶段：产品竞争、营销竞争和服务竞争。

在产品层面上，大家能做的事情都差不多，所以关键就在于营销层面和服务层面。

如果你对“千团大战”还有印象，那么你应该会记得在所有团购网站都不支持退款的情况下，美团首先推出了“随时退款”的营销 + 服务。

从定位理论上说，凡是想成功获得消费者青睐的品牌，都需要先占领相应品类，因为消费者在做消费决策时，通常会把品牌和品类联系起来，这就是所谓的“以品类来思考，以品牌来表达”。

传统行业里的营销人员和互联网行业里的运营人就是实践这个理论的好手。

事实上，美国的产品经理的职责很重，他们不仅仅要有辨识需求、定位产品的能力，还要有商业头脑。但在中国，产品经理的标准化使其被定义在需求的把握者与实现者的领域里，那么商业化的职责就转而由运营人来负责实现了。

这样看来，中美互联网的差异似乎就清楚了，而运营的标准化这件事情也就随之变得简单了。

这就是为什么我在前言中说，现在是运营最好的年代，当然，同时它可能也是最坏的年代。

2016 年年底，我的好友黄有璨提出“接下来是运营的年代”，但我认为，应该是“在未来的时代中，有运营嗅觉的产品经理和有产品思维的运营人将会获得更多的机会和更大的发展空间”。

大局观与节奏感

所谓“大局”，就是形势和事件发展的整体态势。所谓“节奏”，就是均匀而有规律的进程。

所谓“大局观”，就是人们要有以长远眼光去看待问题的能力。而所谓“节奏感”，就是人们对一件事情的进程的感受。

这两个名词，在运营的工作中非常重要，但并不经常被提起，因为大局观和节奏感实际上是初级运营和高级运营的分水岭。

运营工作的大局观，主要包含下面几个要素。

- 确立运营目标
- 制定运营策略
- 把控运营节奏
- 整合与优化资源

把这些要素综合起来，是要解决几个问题。

- 不被眼前的数据迷惑。
- 坚持一定的运营节奏，确保时间节点。
- KPI 制定的方法。
- 影响运营因素的关键指标的落地。

如何确立运营目标呢？举个例子：你决定去旅行，那么你从上海出发后，你的目的地是哪里？是去北京、纽约还是大阪？在去目的地的过程中，你是直达这些目的地，还是拆分行程？如果你要拆分行程，那么应该如何拆分？

如果你不确定这件事情，后面的事情就都是空。而且你最好选择拆分行程，除非你拥有无限的现金和资源。即便如此，如果你的阶段目标不清晰，那么计划依然会失败。

如何制定运营策略呢？如果你拆分了目标，第一年要获得100万活跃用户，那么，你的运营策略就包括：你要去哪里？用什么方式？花费多少人力、物力、财力去获得这100万活跃用户？中间有哪些鸿沟需要跨越？你有多少种方法可以跨越？如果你想不出有哪些鸿沟，那么可以空着，但你要对鸿沟有预判，或者当数据遇到瓶颈时，你能够判断这是不是鸿沟出现的标志。

举一个具体的与大局观相关的例子，这个故事也许你们已经听过很多次了。

Keep是一个健身App（应用程序）。2015年2月，Keep正式上线，它在仅仅上线后的第三个月就拥有了200万用户，同年9月，其用户已经突破600万人。根据报道，2017年3月，Keep的用户突破了5 000万人，其日活跃用户超过了1 100万人。

Keep早期通过两个低成本计划迅速获得了大量的用户，一个计划是“种子”，一个计划是“埋雷”。

所谓“种子”，很容易理解，就是从各种渠道去招募种子用户参与内测，他们被称为Keep的“首席内测官”，这批用户大概有4 000人。

“种子”的贡献是，让Keep在早期快速修复bug（程序漏洞）

并进行迭代。而在“埋雷”生效时，Keep 用 1.0 版本承接了大量的用户。

“埋雷”的玩儿法非常考验大局观，Keep 盯上了目标用户聚集的社区，譬如关注减肥话题的贴吧、豆瓣小组等。

“埋雷”的方式也很简单，发表减肥、塑身、健身的“经验帖”。这些帖子其实只要能被用心维护，热度一般都不会太低。而且，如果文章内容有趣又真实，就会吸引大量用户的关注。

而当 Keep 1.0 版本上线时，这些已经埋好的“雷”被集中引爆，网友纷纷分享自己与 Keep 有关的所有减脂、塑身计划。

这样就形成了一个极热烈的“假象”：所有在减脂、塑身的社区、论坛中的人，都在热议 Keep 这款产品。

于是甫一上线，Keep 就“斩获”了大量用户。

而这两个计划，就成功地在 Keep 上线后的 3 个月内被实施并产生效果。

很多资深运营人喜欢谈论“布局”“策略”，事实上，虽然看似人人具备大局观，但真正能做好布局，并成功实施策略的人并不多。我们看到的仅仅是那些成功的“局”，而那些不成功的“局”，恐怕无人知晓了。

如何把控运营节奏呢？譬如，活动以什么频次开展？每个月、每个季度、每一年是否有大活动？应该何时开始准备（事实上，很多大活动需要提前 1 个月、2 个月甚至 3 个月开始准备。小活动通常都提前 1~2 周开始着手准备)? 在没有活动的时候，应该怎么做? 这些都涉及节奏问题，节奏可以快，也可以慢，但不能没有。

如何整合与优化资源呢? 公司有多少资源可以供你使用? 外部又有多少资源可以串联? 如何使用? 如何串联? 还需要哪些资源? 需要去哪里找资源?

这时你会发现，当我们整合与优化资源时，我们也需要考虑节奏感的问题。那么运营的节奏感又是什么?

我们在看数据时，经常能看到这样一种数据波动(见图 1-6)。这就是有节奏的波动。当然，这不是一个好的节奏。

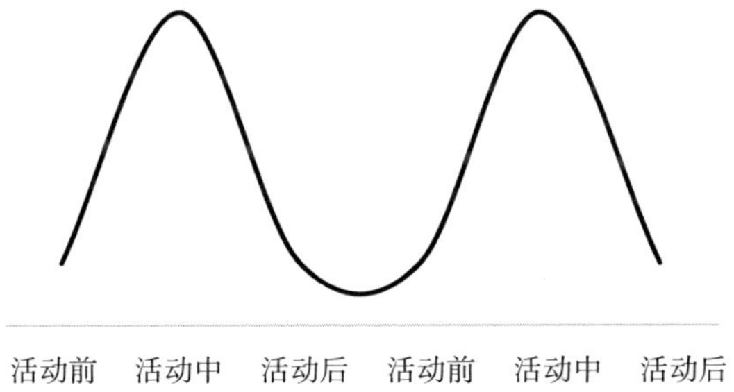

图 1-6　活动波动节奏

这才是好的波动节奏(见图 1-7)。如果我们在一个较长的周期内看数据，我们就会看到呈现 S 形或者 J 形的连续曲线。

而我们通常会围绕这样的数据去思考，数据的波动，或者说数据的节奏是如何产生的?

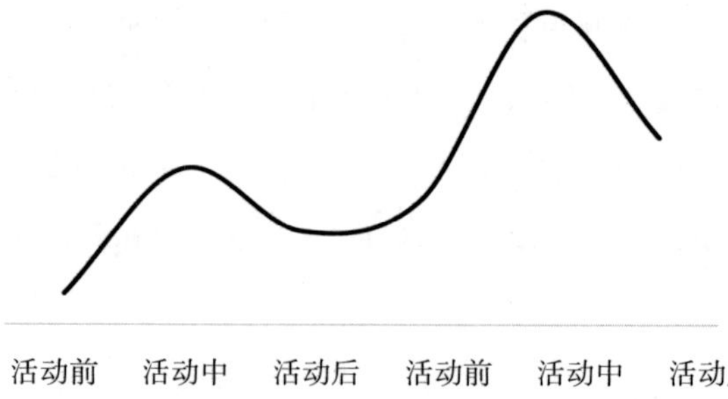

图 1–7　好的活动波动节奏

如果我们排除外界因素的干扰，只讨论其自身因素，那么，我们通常会把影响因素限定。

- 产品的迭代
- 运营的叠加

那么，运营的叠加难道仅仅是在短期需要拉动指标时，做个活动这么简单吗？很显然不是。

那么问题来了，如果运营不仅仅是扮演一个短期内的强心针的角色，那么它究竟应该被怎样运作。

这里就涉及最重要的节奏感的问题，好的运营永远有一波接一波、持续让产品具有存在感、持续让用户感受到产品具有生命力的手段。

举一个很常见的例子。

网易做了一款很火的游戏《阴阳师》，这款游戏有个很大的特点：肝，特别肝。所谓“肝”，就是非常枯燥地付出时间成本去完成游戏中的一些指令。

譬如，《阴阳师》每天有 9 个日常任务。

- 给 5 位好友送友情点。
- 完成 3 次御魂副本。
- 完成 3 次结界突破。
- 完成 3 次探索副本。
- 完成 3 次觉醒副本。
- 收取 1 次结界经验。
- 完成 1 次御魂强化。
- 在阴阳寮中赠予他人 1 次。
- 完成以上所有 8 个任务。

然后，每日的 12:00—13:00 和 21:00—22:00 可以进行斗技，每周六、周日的 14:00—15:30 可以进行协同斗技，周一到周四的 19:00—21:00 有“鬼王来袭”，周五到周日的同一时刻有“阴界之门”，而每日的 13:00—14:00 及 20:00—21:00 还有“妖怪退治”（见表 1–1）。

表 1-1 《阴阳师》排程表

<table>
<tr><th></th><th>周一</th><th>周二</th><th>周三</th><th>周四</th><th>周五</th><th>周六</th><th>周日</th></tr>
<tr><td>0:00</td><td colspan="7">当日任务更新</td></tr>
<tr><td>1:00</td><td colspan="7" rowspan="4">日常</td></tr>
<tr><td>……</td></tr>
<tr><td>10:00</td></tr>
<tr><td>11:00</td></tr>
<tr><td>12:00</td><td colspan="7">斗技</td></tr>
<tr><td>13:00</td><td colspan="7">妖怪退治</td></tr>
<tr><td>14:00</td><td colspan="5" rowspan="5">日常</td><td colspan="2" rowspan="2">协同
斗技</td></tr>
<tr><td>15:00</td></tr>
<tr><td>16:00</td><td colspan="2" rowspan="3">日常</td></tr>
<tr><td>17:00</td></tr>
<tr><td>18:00</td></tr>
<tr><td>19:00</td><td colspan="4">鬼王来袭</td><td colspan="3" rowspan="2">阴界之门 + 妖怪退治</td></tr>
<tr><td>20:00</td><td colspan="4">鬼王来袭 + 妖怪退治</td></tr>
<tr><td>21:00</td><td colspan="7">斗技</td></tr>
<tr><td>22:00</td><td colspan="7" rowspan="2">日常</td></tr>
<tr><td>23:00</td></tr>
</table>

你会发现，这款游戏之所以“肝”，正是因其在不同的时间给予用户不同的任务而造成的，这还不包括伴随版本升级、节假日而来的其他种种任务。

玩家一旦沉溺其中，就会被“带节奏”，活动的安排以小时计算，不同的活动最终归结的奖励就是开卡牌箱子的次数，为了最终能够开出强力的 SSR（卡牌游戏中的稀有度分类之一）卡牌，用户就会跟着节奏走，当然，你可以选择不跟节奏，充钱也可以。

当年我在盛大网络工作的时候，领导曾经要求我们：每天都要有活动。

如果你的理解仅仅停留在字面意思，你就会觉得领导的建议很奇特：天天做活动，用户不会腻吗？

事实上，领导并不是真的要求每天都有线上活动，而是要求运营工作要有节奏感，而这样的节奏感可以让用户围着游戏转。

游戏和电商，是把节奏感体现得淋漓尽致的两个领域。

说完《阴阳师》，我们还可以来看曾经红极一时的《皇室战争》。该游戏设计了 4 种奖励宝箱，如果你不花钱，那么它们的解锁时间分别为 3 小时、8 小时、12 小时和 24 小时。每个玩家有 4 个宝箱位、定时刷新的额外宝箱，以及完成日常任务后获赠的箱子。这样一来，如果你严格按照游戏设计的节奏来开宝箱，那么你一天最多开出 8 个 3 小时的宝箱，3 个 8 小时的宝箱，2 个 12 小时的宝箱和 1 个 24 小时的宝箱。这时你会发现，几乎没有人能够忍受漫长的系统自动开启的过程。于是，用钻石加快宝箱开启的时间就成了你的必然选择。

而一旦你用钻石加快了宝箱开启的速度，你就会发现你的钻石根本不够用，那么怎么办——赶紧充值买钻石吧。在运营策略上，游戏非常精明地在后台给对战做“最优匹配”：连赢必然连输，越输越想翻盘。而随着匹配的深入，你一定会发现自己的卡牌级别不够，或者类型不够。于是，第二个必然之选出现了：继续充值买钻石，然后花钱开最好的宝箱。这就是游戏的节奏感，一环套一环，完美地圈住了急性子、想赢怕输的玩家。

接下来聊电商。如今的电商几乎每天都在做活动。不管是亚马逊还是京东，或者淘宝、天猫，你几乎不可能看到没有线上活动的电商品牌。而从电商往下延伸，你会发现即便是传统商业体，也充满了这种节奏感：换季势必带来清仓，节日势必推行各种优惠。于是你一定会记住“天猫双 11”和“黑色星期五”，因为它们保持着非常规律的节奏。

当产品的运营越来越有节奏感，用户也会随之给予反馈，不管是正面的还是负面的，反馈始终存在。节奏感也会被运用于运营策略中，我们可以看看 Uber 中国当年的补贴策略。

Uber 刚进入中国时，为了抢占市场，大肆给予用户补贴，老用户每成功邀请一个新用户，双方各拿 100 元账户余额的奖励；半年后，变成了 50 元账户余额的奖励；再半年后，变成了 30 元账户余额的奖励；接下来，变成了价值 30 元的乘车机会；最后，变成了价值 15 元的乘车机会。

而你会发现，很多人在用惯 Uber 之后，就会觉得一切都很合理，心甘情愿地继续使用降低了补贴的产品。

因此，有节奏感的运营一定会得到其应有的回馈：用户黏性的持续增强。

当然，在不同的产品时期，节奏感也完全不同。

在产品的初创期，也就是所谓的探索期，节奏感是慢的。因为此时的运营人需要小心规避很多产品的坑和开发的bug，尽可能地控制风险。产品初创期有四个关键词：认知核心、建立能力、少做活动、鼓励犯错。

下面依次解释一下这四个关键词。

认知核心：这个阶段，所有的运营工作都是围绕帮助用户完成对产品的认知而展开的。认知工作就是运营的核心工作。

不论何种类型的产品，建立认知都是其必须要踏出的第一步。而对于初创期的产品来说，如何用最简单又最直接的表达让用户理解产品是什么，能做什么，是否适合用户，是非常关键的一件事。认知工作完成得如何，直接影响用户对产品的信任程度。

建立能力：既然阶段核心是建立用户认知，我们就要优先确保产品的可用性，也就是要保证用户在使用产品的过程中，少遇到bug，甚至不遇到bug，同时产品的各项功能和各种性能，都可以达到平衡。

你会发现，这个阶段的运维工作比产品设计和开发工作都要繁重。那么，运营的机会来了，运营人可以和产品经理沟通，要求完善运营工具，也可以和开发人员沟通，要求建立数据报表和数据监控（假设之前没时间做的话）。

此后，运营人要确保各项数据都在监控范围中，并适时掌握产品的数据变化。

少做活动：少做活动≠不做活动。这里的“少”主要是指活动开展的频次要少，但活动的设计需要更加慎重，需要为成长期做准备。

鼓励犯错：通常所有的KPI都是运营一段时间之后的产物，所以企业要在初创期验证数据指标、鼓励运营人大胆尝试并主动寻求失败的教训，当然，也可以是胜利的经验。

到了产品的发展期，节奏感就开始加快，更多的新用户、新活动、新功能扑面而来，让人应接不暇。

产品发展期有两个关键词：保持快速、固定习惯。

保持快速：其实就是你经常听到的“最好每天都有活动”的真实写照——一波接一波的活动，不停变换方式让用户参加了A活动之后又去参加B活动，想尽一切办法让用户活跃起来并沉溺其中。

固定习惯：看到“双11”就马上联想到打折活动，看到“10·1”就知道会有大型促销活动，看到星期三就知道又有新版本要发布了等诸如此类的习惯。

成长期的产品运营其实比初创期要好做得多，因为初创期留下的认知核心已经成了固定流程的一部分，它会让用户融入的速度加快，随之而来的还有整个运营节奏的加快。

初创期可能没有资源可开发，连发奖都要靠人工，但成长期可能就全部依赖于系统。此时，活动类型带来活动效果的判断，活动参与人数与投入资源的关系等，都应该有据可循。

所以，如果说初创期鼓励犯错的话，那么成长期就要尽量少犯错，但如果这个错误是一个新的错误，那么它依然是值得你试错的——只要你能快速吸收就非常值得。

发展期伴随着成长期，节奏感开始趋于稳定，用户数量也逐渐稳定，此时商业模式开始发挥巨大的威力。

产品成长期有三个关键词：维护稳定、满足预期、集中精力。

维护稳定：维护用户规模和用户结构的稳定。对社区产品来说，就是要维护那些优质的内容生产者。因为此时大局已定，即使这些内容生产者不再生产内容，在马太效应的作用下，他们也不会失去话语权。所以，维护这些人的稳定就很重要，运营人要有计划地给予他们关怀。

满足预期：这是关于参与活动、付出成本后的回馈问题。当然，这里的回馈未必就是给用户利益，而是符合用户预期地给予利益。

集中精力：顾名思义，就是针对一部分人群，有规律地开展运营工作。

所有的产品都会走到衰退期，这个时期的节奏感又会放慢，等待新产品将用户接走并完成传递。

产品衰退期有两个关键词：维持现状、资源释放。

维持现状：保证产品仍在一段时间内持续可用。

资源释放：不仅仅要释放产品、开发资源，同时也要释放运营资源和用户资源，运营人要专心致志地将用户引导到新产品上。

能够从产品初创期坚持到产品衰退期的运营人寥寥无几，但如果你是其中之一，你就一定能够感受到节奏感在不同时期的体现。

因此，运营的节奏感很重要，即使我们通常很少聊起它，但当我们需要站在更高的位置去思考更深入的问题时，我们就会需要它。所以我认为，是否具备大局观和节奏感是区分初级运营和高级运营的一个重要标志。

大运营与小运营

运营不仅有初级运营和高级运营之分，而且有大小之分。

如果你通过字典或者百度百科查询“运营”这个词，那么你会得到包含另外两个词的解释，它们叫作“运作”“经营”。在传统行业里，运营其实是一个涉猎很广的词，它将产品、服务、管理等一系列关系企业能否生存下去的问题放在一起去考量。

一个典型的面向消费者的企业，会有运营部、市场部和销售部，当然也有产品部，但产品部和运营部是联系最紧密的部门，或者产品经理找运营人沟通工作，或者运营人找产品经理沟通工作，而他们最终都要向COO（首席运营官）汇报工作。那么，传统的运营会做什么呢？

让我们想象这样一个场景。

一个西装笔挺的销售去拜访客户，售卖自家的产品。客户说："你这个产品不行，有另外一家公司的产品比你们家的产品好。"于是，这位销售碰了壁回到了公司，向运营人反馈："兄弟，我们有竞争对手了，客户说这家的产品比咱家的好，怎么办？"

运营人立即着手研究竞争对手的产品，研究后发现，竞争对手的产品在功能上或者性能上并不具备优势，但是，对方却抓住了"包装"这个边缘需求——设计了非常精美的包装，同时，市场人员在亮点的提炼上做了一些优化，既通俗易懂，又表达精准。更关键的是，对方的销售在拜访客户之前，都会提前把公司介绍与产品介绍发送给客户，这样在拜访之前做好宣传，销售去推销时自然底气十足。

于是，运营人重新与产品经理进行了沟通。

运营人要求产品经理更改包装，强化包装的高级感，并确保包装的拆解过程能够充满仪式感。

有了产品包装的解决方案，运营人又与市场人员沟通，请市场人员对新的产品包装方案进行亮点提炼，并且对下一个季度的宣传做出规划。

最后，市场人员分析行业所处的市场现状并做出预测，和销售一起讨论接下来要重点关注哪些城市和客户群体，最终顺利推进工作。

这就是传统行业里的大运营。运营部是一个支持和连通的部门，它要去关注企业各部门的运转，并且为企业发展提供强有力的支撑。

互联网领域呢？我给大家举一个有趣的产品例子，这个产品是“男人袜”。

在线上商城卖袜子是非常冷门的电商类目，这个类目也曾有一个战场——有专卖男人袜子的公司，有专卖女人袜子的公司，也有专卖运动袜子的公司。虽然袜子属于配件，但它是一个使用率极高、需要频繁更换的消耗品。而一旦人们青睐于某一个品牌的袜子，那么他们改变习惯去买其他品牌袜子的动力与可能性都是很低的。

有一家武汉的公司，其初期的做法就和别的公司不一样。如上所说，袜子是配件，其所在领域极为垂直，这就需要卖袜子的公司具备极高的流量转化能力。如果产品的使用流程复杂，那么就很难完成首单转化。

怎么办呢？

首先，这家公司推出了一个“体验服务”：1 元体验 3 双袜子。

别说是在 2011 年，即使在今天，我想“1 元体验 3 双袜子”也很有吸引力。

读到这里，你会不会认为这家卖袜子的公司是靠低价吸引用户完成首次下单呢？

没错，但是当用户进入下单流程时，情况就完全不同了。

首先，传统电商购物流程里的先注册后下单的逻辑消失了，用户直接下单即可。虽然逻辑非常简单，但很多产品经理并没有想到这一层，毕竟在早年电子商务还非常需要新注册用户维系的时候，这种不用注册直接下单的逻辑，是比较奇怪的。

让我们来说一下这个逻辑。

假设你是某个想要买东西的用户，当你下单的时候，你必然会填写手机号、地址等一系列个人信息，不然你是不可能收到商品的。这时，男人袜发起了一个提议——“请填写你的邮箱，我们将会通过邮箱告诉你最新的发货动态”。

填写邮箱，支付，整个流程结束。这时，你的邮箱会收到一封邮件（见图 1–8）。

这封邮件是不是很有趣？

男人袜就这样用一个默认密码，解决了你的注册问题，但你可能注意到图中的细节了——你购买的是体验套装，这是什么意思呢？男人袜自成立起，就一直采用“1 元体验 3 双袜子 + 极简下单与快速注册流程”的营销方式，来解决获客问题。

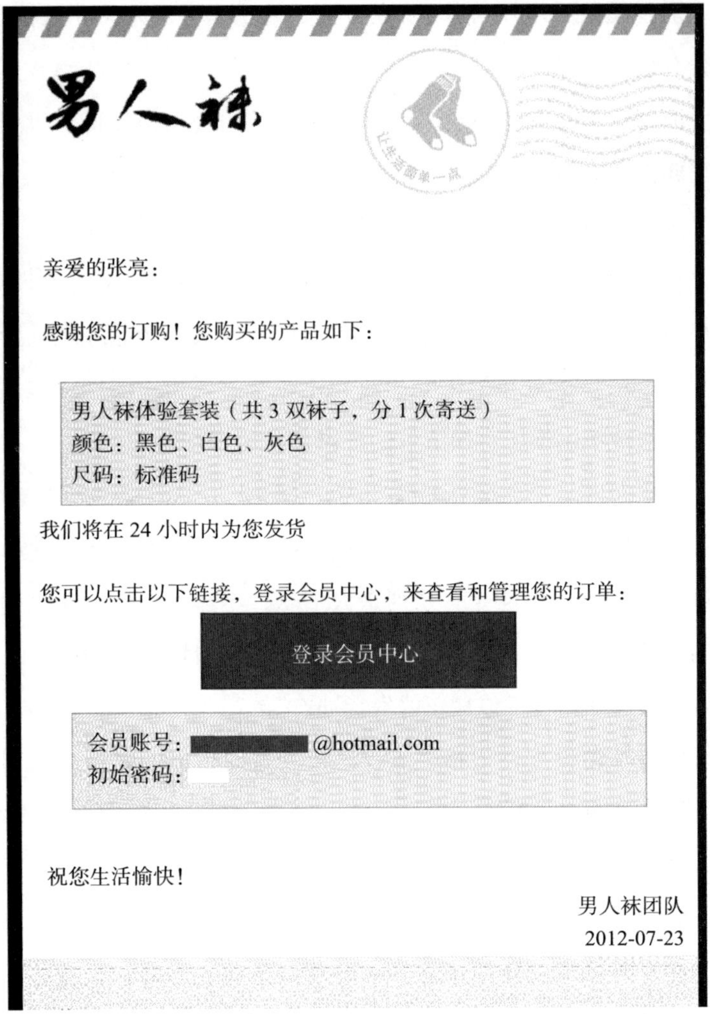

男人袜

亲爱的张亮：

感谢您的订购！您购买的产品如下：

男人袜体验套装（共 3 双袜子，分 1 次寄送）
颜色：黑色、白色、灰色
尺码：标准码

我们将在 24 小时内为您发货

您可以点击以下链接，登录会员中心，来查看和管理您的订单：

登录会员中心

会员账号：[redacted]@hotmail.com
初始密码：

祝您生活愉快！

男人袜团队
2012-07-23

图 1-8　男人袜订购页面

更有趣的是，男人袜的初期用户大多数是互联网的工作人员，这些互联网人遇到如此有趣的体验产品，怎么会轻易放过？于是这一消息在圈内迅速传播。

如果你认为营销就此结束，就太小瞧创始人陈伯乐了。

早期，男人袜的包装可以用“有趣”来形容。

一个矩形的牛皮硬纸盒，看起来很严实，打开包装，里面除了袜子，还有一把纸质的12~15厘米长的尺子和两颗弹珠，后期还加入了一些贴纸、宣传页。

这样一来，除了产品流程，连货物都变得有趣了。

不仅如此，早期这家公司在微博上做推广的时候，由于“袜”与“妹”两个字太接近，有用户读错，于是，这家公司故意将错就错称自己为“男人妹”。

这些年，随着用户量的增长，这家公司也尝试了其他业务，譬如，为男士做内裤、卖冰丝毯，甚至推出了孩子穿的袜子，这些我们暂且不说。

男人袜在初创期所做的这一系列的事情，其实都是互联网运营要做和应该做的事情，这些事情是什么呢？制定运营策略，设计运营活动，有计划地提升用户体验。

你可能有点儿蒙，那我解释给你听。

卖袜子本身很小众，所以公司必须要做差异化的产品，并且要强调服务与亲和力。男人袜选择极简的注册流程，选择较有特色的包装，选择不断贴近用户，满足用户的情趣和需求，这就是运营策略的选择。

完成了策略的制定，接下来就是战术选择的问题了，常见的活动也好，又或者是用户推荐计划也好，都是能使策略落地的方式。

需要提醒你注意的是，在男人袜的这个案例里，不论是网站下单的流程，还是袜子本体包装中存在的尺子、弹珠，或者是后期的贴纸、宣传页，以及新媒体的名称与定位，这些都是男人袜精心设计后的产物。

当然，对于运营人来说，这些我们认为的“精心设计”，其实可能是他们的“无心之作”。一旦一个动作开始固化与重复，往往意味着它的效果已经变得可测量了。

上面这两个案例，其实说的都是大运营，这个层面上的运营，通常只有职位较高的人才能接触到。因为不论是在传统行业里还是在互联网行业里，与连通联动、策略制定有关的工作是需要具有一定级别和能量的人负责的。如果你今天还没有那么高的级别，又或者你今天仅仅站在大众的视角，那么你看到的所有，通常都属于小运营的范畴。

什么是小运营？就是具体的打法、做法，它属于战术执行层面的事。譬如，天猫“双 11”、京东“618”等活动。我相信不论作为运营人，还是作为普通人，几乎没有人会不知道这些活动。

这些都是人为制造出来的节日，但是它们的影响力却势不可挡，得到了逐年提升。

接下来会有一个问题，作为一个普通人，你可能只关注“双11”和“618”当天的活动，而作为运营人，你预估这样一个活动，从策划到执行大概需要多久？

淘宝和天猫并不是从一开始就想制造一个节日，但是它们坚持做活动之后，就真的制造了一个节日。

京东是从一开始就想制造一个节日的，而且其方法正确。但比起“双11”，我们恐怕不得不承认，“618”的影响力还没有那么大，不过它正在变得越来越有影响力。

同样，除了阿里巴巴、京东之外，前几年还有很多公司也想制造节日，但后来基本都没有了声音，这其中的问题在大运营和小运营的层面上都有体现。关于如何制造一个节日，如何让这个节日为用户所青睐，甚至让用户主动为产品和品牌代言等问题，我会在后面的章节中与你分享我的看法。

再次定义运营

对于初做运营的同学来说，看完《从零开始做运营》之后，应该有不少困惑。

把运营工作划分成内容运营、活动运营、用户运营，这种划分方式合理吗？为什么在实际工作中，这些工作都得做？

我记得我曾经说过，这种划分方式，并不是针对运营的职能，而是针对运营的内容。

前面我也提到过，在美国，“运营”这个职位是不存在的。与之最接近的职位就是“增长黑客”。

同样从数据中建立假设，同样通过各种手段去验证假设，同样一旦发现假设成立，就会快速推进工作，把假设变成模式。

运营这项工作之所以在过去的很多年里都很难被讲清楚、说明白，就是因为运营工作非常细碎和庞杂。

追溯互联网运营的源头，我认为互联网运营脱胎于传统商业营销与网络游戏营销策划，是互联网领域中的新鲜事物。

可见，传统商业的营销理论，对互联网运营是有用的；网络游戏中的种种玩儿法，是可以成为互联网运营的方法论的；事实上，纯正的互联网运营的方法论与世界观，只有极少的部分来自互联网本身。

但是，恰恰因为这是由老方法转变而来的新方式，才导致了种种误解和迷思，很多人都困惑于运营与市场营销之间的关系。

事实上，他们的困惑是对的，因为这两者之间的确客观地存在着千丝万缕的联系，当市场营销的理论和方法与互联网介质对撞时，互联网运营体系的雏形，也恰好就在其中。

市场营销理论从 4P（产品 Product、价格 Price、渠道 Place、促销 Promotion）向 4C（消费者 Customer、成本 Cost、便利性 Convenience、沟通 Communication），甚至向 4R（关联 Relevance、反应 Reaction、关系 Relationship、报酬 Reward）演进，与互联网从注重产品到注重用户的转变不谋而合，原因非常简单：商业的本质从未发生变化，找到需求并通过交换价值提供供给，再逐步扩大规模、稳固地位，这是在商业竞争中获胜的唯一路径。

在营销理论变化的过程中——从最初的产品－品牌到用户－品牌再到服务－品牌，这种变化是为了不停地扩展营销覆盖的范围。而运营理论的变化过程也会与此对应，同样会经历产品运营、用户运营和服务运营三个阶段，目前，我们恰好处于第二个阶段，在未来的三年内，“用户即运营”的理念会大行其道。

但不论是产品、用户还是服务，它们都只是过程中的一环，而不是所有。运营工作之所以看起来与营销类似，但似乎又大于营销，是因为在营销的发展过程中，营销理论将越来越多的“部门”纳入营销体系中，但在运营的发展过程中，运营理论却是在不断地扩充“职能”到运营体系内。

因此，去年就已经有很多新人问我：

“为什么用户运营的工作像客服工作？

“为什么我是活动运营，却要达成拉动用户数增长的目标？

“为什么我是内容运营，却要考虑在公众号上做活动？”

…………

原因很简单。用户运营的目标是扩大用户规模，而用户规模如何扩大？很显然，你需要先获得一批种子用户，然后以种子用户为起点，拉动其他用户使用产品。那么这就产生了一个无法逃避的问题：为什么种子用户要拉动其他用户来使用你的产品，而不是去使用其他同类产品？

原因或许是你的产品很好，用户体验极佳，也可能是因为你出让了足够多的利益，用户愿意为了这些利益出让他的好友关系给你。但一定还有其他原因，譬如，你把用户服务做到了极致。那么，你不做好一个客服，怎么了解用户的痛点？怎么明白如何完美地服务用户？

第二个问题也是如此。作为一名活动运营，你有责任通过活动拉动指标的短期增长。以电商举例，电商做活动的目标当然是拉动销售额的短期增长。再看这个众所周知的公式：

销售额＝订单数 × 客单价

当我们去拆分这个公式的时候，我们就会发现：

$$订单数 = 用户数 \times 转化率 \times 下单用户的人均订单数$$

$$客单价 = 平均订单价格$$

客单价与你推荐且用户认为有必要购买的商品的定价有关，而订单数则与用户数、转化率、下单用户的人均订单数有关。假设转化率和下单用户的人均订单数都是难以提升的指标，那么最容易提升的指标当然就是用户数了。

那么，电商做活动为什么不可以要求运营人达成用户数增长的目标呢？

与其他行业一样，互联网行业的运营目标也都是围绕用户规模或者收入规模的扩大而进行的。不论什么样的产品，不论什么样的公司，当其用户规模较小时，其收入规模往往无法预期。

至于第三个问题，用户数和阅读量始终是衡量公众号现有的水平及未来的潜力的两个必要指标。在拥有大量用户的前提下，阅读量的提升更有保障。一个有趣而尴尬的现实是，老板在衡量新媒体工作价值的时候，最关心的始终是这两个数据。聪明的老板会更关注用户数，因为这些老板知道，拥有 1 万用户时写出 10 万阅读量文章的难度和拥有 1 000 万用户时写出 10 万阅读量文章的难度根本不可同日而语。而这种难度的变化，是直接反映在运营效率上的。

那么，如果运营人认为自己的工作职责仅仅是写好文章，恐怕就会辜负老板的期望了。

请你记住这个关于新媒体运营的重要公式：

阅读量＝推送触达的用户数 × 阅读转化率

只有订阅公众号的用户数足够大，在同等的阅读转化率下，你才能保证每一篇文章的阅读量。

所以，如果你还认为运营人仅仅需要考虑如何写出一篇优质的文章，或者如何写出一个“吸睛”的标题，那么我只能说你还没有真正明白什么是内容运营。

也正因为这些问题的存在，运营这个职位才需要被重新定义。运营绝不是把原本已经划分好的工作内容再做打包，而是有明确的目的性，否则，运营就会与其他互联网工作混淆。

前文中，我已经重新定义了运营：一切能够帮助产品进行推广、促进用户使用、提高用户认知，并基于用户达成商业目标的手段。

对于商业目标来说，用户和收入互为手段。从大运营的角度来说，一个企业要想生存下去，首先要有盈利能力，而钱从哪儿来呢？要么用户即客户，要么用户是客户买单的理由。只有清楚这家公司靠什么生存，才能确定与小运营有关的所有细节。

什么叫作“用户即客户”？什么叫作“用户是客户买单的理由”？

你是一名游戏玩家，并沉溺于某一款游戏，但是你不想为游戏花钱，于是你的装备总是比同一个服务器的人民币玩家差，你花费了大量的时间，游戏体验谈不上尽善尽美，却也让你难以割舍。

你是用户，人民币玩家是客户。人民币玩家只是为了享受能够在游戏中碾压你的快感，因此他们非常愿意花钱，此时你就成为人民币玩家买单的理由。

突然有一天你想通了，你决定换个玩儿法。于是，为了在游戏中获得更好的体验，碾压其他不想花钱的免费用户，你决定按月订阅，给游戏中的角色充值，用来购买道具或者获得额外的权益。

此时，你既是游戏用户，也是客户。因为你开始为这款游戏消费，让游戏公司多了一份收入。

当你花钱越来越多时，你认为这种订阅方法并不好，应该将其改为一次性充值，这时你变成了游戏中的大客户。

又到了某一天，你认为这款游戏既好玩又容易赚钱，于是你决定代理这家游戏公司的充值业务。此时，游戏变成你的客户，你成为一名经销商。

当你回头看整个过程的时候，你会不会认为这家游戏公司实在太厉害了，居然可以让你心甘情愿地把兜里的钱掏出来！

但你可能并没有想过，在整个过程中，游戏内容的可玩性让你沉迷其中，而这种良好的用户体验其实又与你在游戏中的进阶速度和进阶效率有关。各种排行、头衔、外观，甚至全服播报的动态，以及各种首次充值奖励、月度消费奖励的活动总能让你在不知不觉中打开钱包。而这一切都是游戏在设计之初预埋的种种策略以及对用户层级与权益的运营体系的设计。正是因为这些运营策略的全面实施与功能系统的有效运转，才让你的消费发生得妥帖自然。

这就是所谓的“先定战略，再拆分战术”。

时至今日，淘宝也未向 C 端（消费端）用户收费，因为 C 端旺盛的购买需求，正是 B 端（企业端）砸重金买广告位、竞争关键词排名的理由。

时至今日，腾讯的游戏设计得依然很棒，因为只有玩家获得了愉悦的游戏体验，他才有可能为游戏买单。

对于大多数公司来说，清楚客户与用户的区别才是运营工作的起点。而针对客户的运营与针对用户的运营，做法虽然有很多不同，但也有类似的地方。

我们通常认为，针对客户的运营，是 B 端运营，B 端运营的核心在于利益撬动；针对用户的运营，是 C 端运营，C 端运营比 B 端运营略微多一些方法——利益诱导、情感连接。二者实施的手段、方法、频次各有不同，但相似的地方在于，都是为了让目标对象认可产品或品牌的价值，从而付出产品或品牌需要的交换物来交换使用权。

学过初中政治经济学的人应该知道，经济基础决定上层建筑。事实上，所有的运营都是上层建筑，都需要经济基础。只是，运营工作最难也最有趣的地方就在于，它有机会弱化经济基础的地位，强化上层建筑的效果。

也就是我们一度在朋友圈看到的，老板们非常喜欢阅读和传播的文章主题——如何“零成本”做运营。

但说到这里，我要多说一句话，我从来不认可也不认为运营是一件零成本的工作，尤其是现在在国内互联网产品的市场竞争极端复杂与激烈的情况下，我认为鼓吹“零成本”运营是不负责任的。但是，压缩成本至最低是有可能的，这一点我会在后面展开说明。

第二章

一切运营的基础：用户运营

用户为本

《从零开始做运营》的读者应该记得，在 2015 年出版的那本书里，我是以内容作为切入点，展开了全篇的讨论。

但是在这本书里，我想和你从用户开始聊起，原因很简单，无论你正在运营着什么产品，都是以用户作为运营起点的。

做电商需要用户，因为销售额 = 订单数 × 客单价 = 用户数 × 转化率 × 下单用户的人均订单数 × 客单价；做内容也需要用户，因为阅读量 = 推送触达的用户数 × 阅读转化率 = 用户数 × 活跃率 × 阅读转化率；做工具依然需要用户，因为展示广告收入 = 千次展示单价 × 展示次数 = 用户数 × 活跃率 × 人均展示次数 ÷ 1 000。

可见，几乎所有的产品都离不开用户，所以这一章用来强调用户也就不足为奇了。

用户运营工作涉及两个永远回避不了的核心问题。

- 用户从哪里来？
- 用户为什么买单？

第一个问题是拉新问题，在互联网产品中，拉新永远是第一要紧的事情。不管你的产品处于何种阶段，是初创期也好，成长期也罢，新用户的数量永远是老板纠结的问题。

在这里，我试图用两个案例来为你解说拉新。首先，让我们来看一张图（见图 2–1）。这张图来自拼多多 2018 年 7 月提交的招股书。

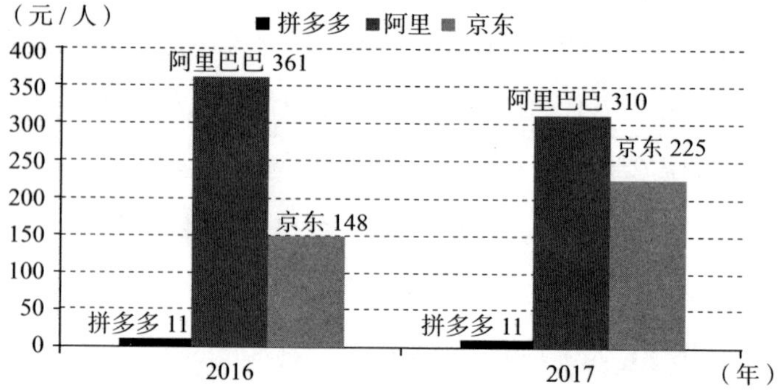

图 2–1　拼多多获客成本远低于阿里巴巴、京东

资料来源：公司资料、招商证券

同样是电商企业，拼多多2016年的获客成本是11元，到了2017年还是11元。阿里巴巴2016年的获客成本是361元，2017年获客成本降低了14.2%，约为310元。而京东的获客成本则从2016年的148元，上升了52%，约为225元。

2016年，拼多多的获客成本是阿里巴巴的3%，京东的7%。2017年，拼多多的获客成本是阿里巴巴的3.5%，京东的4.9%。

有心的读者可以算一下，假设三者的用户数相同，ARPU值也相同，那么这意味着什么？

事实上，拼多多用两年多的时间，成为一年销售额近2 000亿元的国内第三大电商平台。

这里的问题是，拼多多采用了什么方法来完成低成本获客？其实它就是在微信的规则下，无所不用其极地挖掘存量用户的社交关系，并将其兑现成拼多多的平台价值。拼多多有其恐怖之处。

- 产品的任意一个细节都充斥着“拼单”“拼团”“邀请”“分享”等字眼，并且毫不掩饰地刺激用户去邀请好友，获得利益。
- 对微信规则的充分利用，让裂变这件事的效果达到了极致。

如果你体验过拼多多的小程序，你就一定对它露骨的服务通知的内容和在小程序里埋下的各种疯狂刺激你去下载App的“钩子”印象深刻。如果你关注过拼多多的公众号，你就一定对它的消息模板推送的频次和文案“吸睛”的程度记忆犹新。

同样是拼团，我给大家展示一下某 App 的拼团通知和拼多多的拼团通知的差异（见图 2–2）。

通过服务通知的对比，你应该能明白为什么我说拼多多其实是在微信的规则下，无所不用其极地挖掘存量用户的社交关系，并将其兑现成拼多多的平台价值。

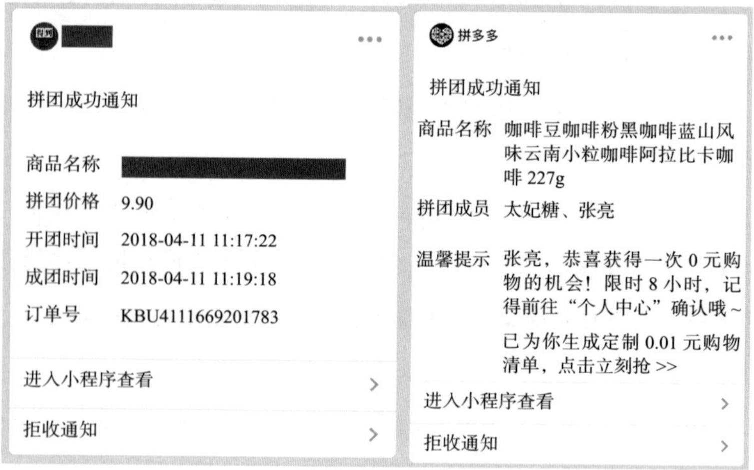

图 2–2　某 App 和拼多多的服务通知对比

某 App 的拼团通知展示的是非常标准的订单格式，有商品名称、拼团价格、开团时间、成团时间以及订单号；而拼多多的拼团通知不仅有商品名称、拼团成员，还告诉你 8 小时内有一个 0 元购物的机会，需要你尽快确认；拼多多还担心这个活动对你的诱惑力不够，又帮你生成了一个贴心的 1 分钱购物清单……拼多多这么做的目的只有一个——用户点击小程序，再次打开拼多多。

只要你打开了，抱歉，你需要拉来一些新用户，帮你参加 0 元购物活动，以及帮你完成 1 分钱的购物清单。

是的，拼多多就是这样保持极低的获客成本并飞速成长，请问你从中看到了什么？

我看到的是一家电商企业对流量及流量背后用户的极度渴求，和极其有效但看起来并不怎么高级的裂变打法。

事实上，方法高级与否，真的并不重要。

我们再看一个例子。VIPKID 是一个线上少儿英语品牌，专为 4~12 岁的青少年提供外教 1 对 1 的英语学习服务。

VIPKID 和其他所有的 K12（基础教育）线上教育公司一样，其业务对销售 – 服务供应链的依赖很高。类似的线上教育的业务模式都几乎符合下面这个流程（见图 2–3）。

图 2–3　线上教育的业务模式

其中，“渠道获客”由市场部或者运营部完成；中间的“电话沟通，安排体验课程”与“跟进体验结果，转化买单”则是销售团队，或者更具体地说，是电话销售团队的工作范围，通常这部分工作由该团队的新签团队完成；而最后一步“期满续约转化”则由销售团队的复购团队完成；“购后约课，履约服务”则是由教师管理团队通过标准化服务来供应。

直白点说，在这种业务模式下，只要供应链的两端（销售与服务）维持良性运转，公司的现金流就始终是正向留存的。当然，这种模式也有它的问题，那就是当用户基盘趋尽，增速就会回落，现金流会遭遇挑战。

我们先不去分析业务模式，我们先来看 VIPKID 是如何完成渠道获客工作的。通常这种类型的产品，其获客手段是比较单一的。

投放：筛选符合自己用户画像的用户可能会关注或访问的渠道，投放软文。

广告：在各大媒体投放广告，期望覆盖潜在客户的生活，增加接触机会。

转介绍：已经付费的用户因平台的服务质量好或者从平台获得了一些利益，而向身边好友推荐平台，好友凭推荐体验或者下单，双方都可以获得好处。

自然流量：不知道为什么，用户自己送上门来。

但是 VIPKID 采用的方法，却相当惊艳。我用一张图概括了 VIPKID 的方法（见图 2–4），你可以逐一看到 VIPKID 到底做了哪些不同的动作，从而成为在线英语教育的第一大平台。

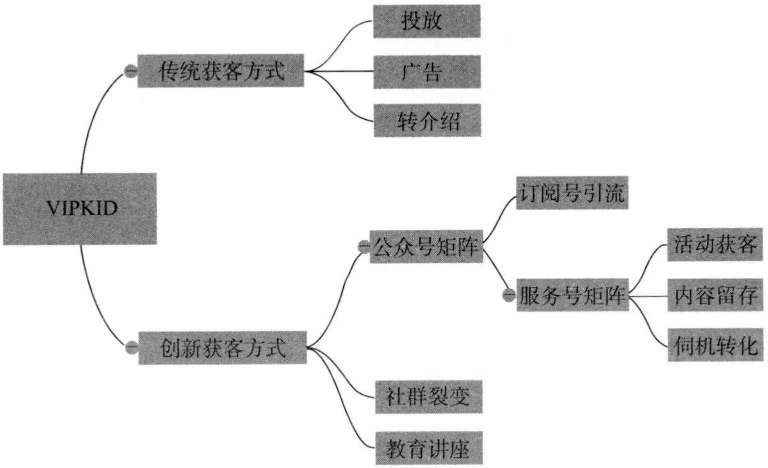

图 2-4　VIPKID 的运营方式

我们会看到，除了传统的投放、广告、转介绍等方式之外，VIPKID 还运作了大量的公众号，使其成为矩阵。不同的公众号的定位和目标并不相同，但其目的类似，都是为了获得更多的新客，甚至是为了转化那些对品牌的信任已经沉淀下来，但还没有报名购买英语线上套餐课的用户。

我们以 VIPKID 的公开课为例。

用户可以通过 VIPKID 的 App 预约公开课。公开课有两种：一种是免费的，一种是付费的。

免费的公开课是提供给所有注册用户观看的，无论用户是否已经购买套餐成为 VIPKID 的用户，都可以预约观看。

付费的公开课是提供给已经付费的用户观看的，支付方式是将已购买课包里的课时用于抵扣。

对于不同的用户类型来说，VIPKID 提供了不同的内容来解决不同的问题。

譬如，微信公众号矩阵中的所有免费内容，都是为了将用户沉淀在自身的平台内，并在未来的某一个节点完成用户付费的转化；而 App 中的免费公开课则是一个可以吸引非付费用户关注的转化武器，其付费公开课又可以消费用户预付费的课时，增加确认收入的速度。

同时，VIPKID 还针对家长群体举办了讲座，并邀请各行各业的牛人、精英、大 V（意见领袖）参与，家长和孩子同时在一个平台上接受“教育”，却没有感觉别扭，通常这是不可思议的。

但是这一切，如果我们单看细节，就会认为 VIPKID 的方法就是想方设法去获取用户的联系方式，然后通过销售转化 Leads（通过交流得到的关于某人购买某种产品或服务的可能性的数据）。但请你站在大运营的角度去思考一个问题：VIPKID 花费了如此多的精力，难道仅仅是为了通过内容传播或者用户裂变来完成获客吗？其实不是。

如果你学习过传统营销的内容，就应该知道定位理论的一个非常重要的思想：以品类来思考，以品牌来表达。

VIPKID 的这个案例告诉我们：当家长想要为孩子找一个在

线英语教育平台进行学习的时候，哪一个品牌能让家长立刻想到，这就是一个最棒的英语教育品牌，这个品牌就有更高的概率被家长的决策选中。

现在我们回过头来看，为什么 VIPKID 要做这些内容，要服务这么多还没有付费的用户呢？

就是因为这些用户对 VIPKID 的认知，会影响其他消费者的决策。

所以，当我们在讨论“用户为本”的时候，其实我们在讨论的是，如何理解我们的目标用户，在哪里可以找到这些用户，如何去打动这些用户从而完成决策，又在什么场景下让他们认可我们的产品，并愿意向他人推荐我们的产品。

内容平台中的用户

BBS（电子公告牌系统）是存活了很久的一种内容社区的形态，不过后来在移动互联网时代，它慢慢就被遗忘了。

BBS 百花齐放的年代是一个重内容而轻用户的年代，这并不是说为 BBS 创造优质内容的用户没有价值。事实上，这些“远古时代”就活跃非凡的优质的内容生产者，他们中的很多人至今也依然活跃在各大平台上，但是他们之所以依然活跃，首先是因为他们从自己的内容生产中获得了收益和用户关注，然后他们才能有持续生产内容的能力。

所以，与其说是内容生产者的能力卓绝，不如说是他们的读者选择了追随这个内容生产者，原因当然不一而足——有才华、有亲和力、段子手，甚至长得美，读者的选择决定了内容生产者的发展空间的大小。

内容产品走到今天，内容社区成了很多互联网公司在内部或者外部积极投入的领域。而对于内容社区的产品来说，其核心已经从单纯的内容变成了“内容 + 人”。

一个成功的内容社区有几个特征。

- 有足够优质的内容生产者
- 有足够多的内容消费者
- 内容消费者能够为内容生产者提供价值

这里的价值不是指直接变现的能力，而是能够激励内容生产者持续生产内容的能力。

对于内容生产者来说，通常他必须愿意沉淀在内容社区里，并持续活跃，为社区带来优质的内容，只有这样，他才能够获得回报。

我的一位好朋友、连续创业者孔庆勋，曾经对直播产品中的直播虚拟机器人做过分析，他发现大多数直播产品都存在用机器人制造虚假繁荣的现象，哪怕主播的内容再无聊，系统也会随机分配给主播一些机器人来观看直播，甚至与主播互动。

这样的设计有多种考虑，比如让主播，也就是直播平台的内容生产者不孤独。

如果你在朋友圈发布动态，却没有人点赞、评论或者与你互动，那么你发布动态的行为能坚持多久？如果你的朋友圈里没有人发布动态，那么你会发布动态吗？

再讨论一个问题，你为什么会使用微信的语音功能？你最初使用这个功能时，有没有觉得尴尬？

我使用微信的语音功能是因为有时我真的没有耐心打字，毕竟还是语音输入比较快。但我其实很不喜欢使用语音功能，尤其是在周围有其他人的时候，我会感到很尴尬。

但这个尴尬仅限于周围的人都不用语音交流，只有我一个人在用语音交流的情况下。而当身边有很多人都在使用这个功能的时候，我也会很自然地使用，完全不会感到尴尬了。

虚拟机器人正是为了消除一个人直播却没有人观看的尴尬而产生的。请注意，尴尬是一种自我的感觉，你很尴尬，但或许身边的人完全没感知你的尴尬，这是非常正常的现象。即便如此，这种自我感觉也会让人非常不舒服。

而另一个更有意思的现象是，如果你发现身边的人都在使用语音功能聊天，那么你反而会兴奋起来，更多地使用这一功能。

这其实激发了人性——追求“合群”以及合群带来的“安全感”，在这一前提下，作为内容生产者的主动性才能真正被激发。

内容生产者需要的是认可。无论是物质的还是精神的，能够得到认可，才是内容生产者持续生产内容的原动力。

只是每个内容生产者的阈值不同，有的人哪怕只有一个人愿意消费内容，他就愿意生产内容；有的人只有成千上万的粉丝愿意消费内容，他才愿意生产内容；还有的人只有看到利益，才会开始生产内容。

所以，找到你的社区里那些积极分子的激励阈值，就是找到了社区运营中用户运营的起点。

先让积极分子真的积极起来，才能真正有机会走到下一步——让内容消费者给予积极分子更多的反馈——这个逻辑其实是非常连贯的，积极分子必然在早期社区拥有更大的权重，因为这些人的活跃如同虚拟机器人一般，让参与其中的各位内容消费者看到了社区的活跃，从而觉得“安全”与“繁荣”。

通常来说，一个内容平台的用户结构一定是一座金字塔（见图 2–5），而无论如何“去中心化”，用户之间的关系构成也一定有一个人是“中心”。于是，我们通常会在内容平台中看到一种用户关系（见图 2–6）。

可以看到，用户会围绕一个关键核心成为信息传播的节点，因为中心一定会存在，只是中心是一级还是二级的区别。

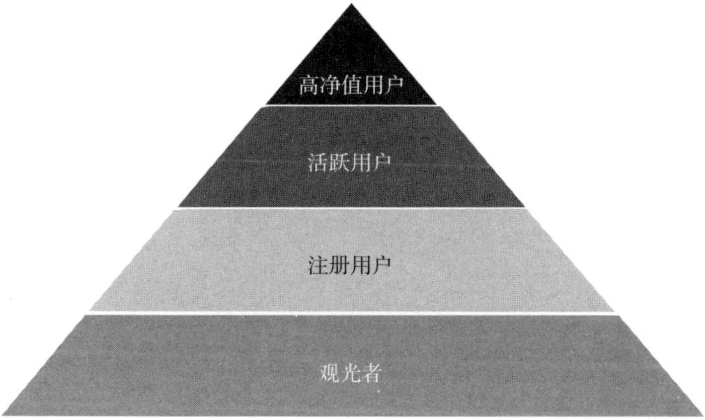

图 2–5　内容平台用户结构

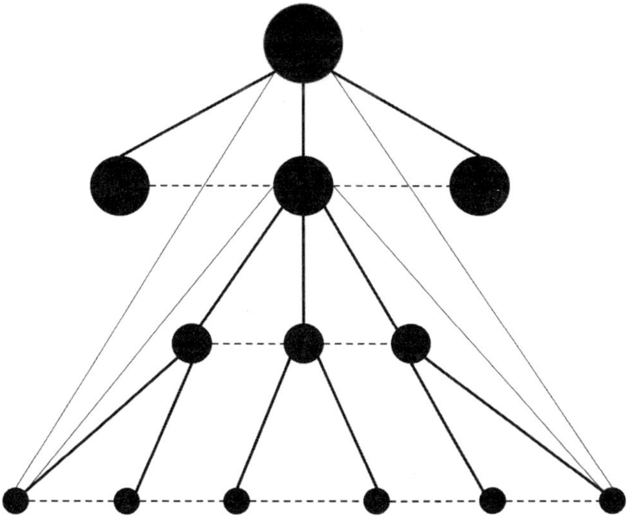

图 2–6　内容平台用户关系

原则上，处于最核心圈层的用户的影响力最大，因为他们不仅可以在平级间进行影响与传播，也可以跨越层级影响下层用户。而底层用户的影响力最小，因为通常他们只能影响和他们同一层级的用户。

如果我们真的理解这些，就会明白为什么大 V 在内容平台上的影响力如此巨大，以及为什么广告商会找大 V 宣传产品。其实这和传统行业的明星代言人有异曲同工之妙，只是明星转变成了拥有大量用户关注的意见领袖而已。

内容平台必须坚持“内容为王”，因为平台要通过内容去接近用户、使用户产生共鸣，而内容的传递要通过用户进行，因此，抓住金字塔尖的核心用户，恰恰是能否让内容最大化扩散的决定性因素。

内容平台必须要解决与大 V 有关的问题：如何获得大 V？如何培养自己的大 V？

新浪微博早期实施了明星策略，吸引了足够多的名人，尤其是演员入驻微博平台，让这些自带粉丝的用户与平台共享自己的粉丝；知乎早期实施了内容策略，让足够优秀的从业者来现身说法，让他们拥有各自领域的粉丝追随；而前面提到的直播，则采用了虚拟繁荣策略，让每一个敢于直播的人都不那么寂寞……

在这里，我想与你分享一个内容社区冷启动的案例——网易云课堂的一期学员“小虾米闯江湖”针对简书的冷启动作业。

简书是一个将写作与阅读整合在一起的产品，旨在为阅读者打造最优雅的阅读社区，产品的口号为“交流故事，沟通想法”。用户可以在这里用平台工具创作文字内容并发布，同样，用户也可以阅读其他用户发布的内容，互相交流想法。

简书的公测开始于 2013 年 4 月 13 日。起初，简书的业务重点是打造书写工具，为人们提供便利的书写工具。随着不断探索，在公测 18 个月后，简书于 2014 年 10 月 15 日正式发布第一版 App，通过移动端发力来转变业务重点，开始向 UGC（用户生成内容）+ 社交的产品类型转变，截至 2016 年 7 月，安卓用户下载量已将近 500 万，可以说这是一个比较成功的 UGC+ 社交类型的产品。其核心逻辑如图 2–7。

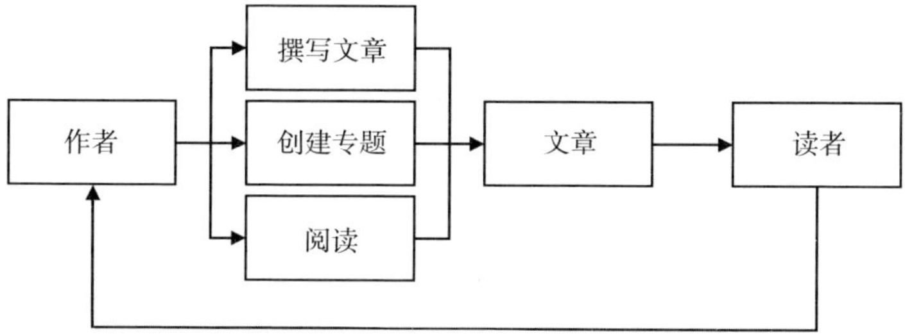

图 2–7　简书产品业务的核心逻辑

再看 2013 年 4 月 13 日—2014 年 4 月 13 日，简书每月的内容发布量（见图 2–8）。

根据文章发布量的走势，2013 年 4 月 13 日—7 月 13 日，应该是简书的冷启动时期，我分析了第一个月的 210 篇文章的构成，得到以下假设。

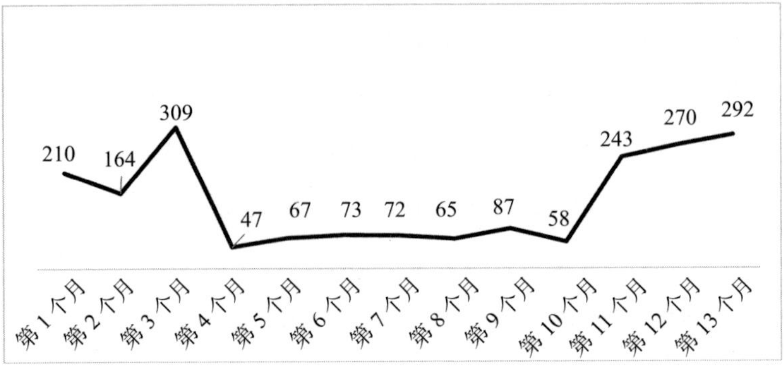

图 2-8　简书一年内的内容发布量（单位：篇）

我将 210 篇文章按照类型划分为四类。

第一类：简书发布的平台使用指南以及突出产品定位的介绍类文章。这一类文章总共有 20 篇左右，回答了新用户怎么使用平台的问题以及这个平台是做什么的问题。

第二类：技术性的文章，涉及代码编写、框架搭建等。这类文章大约占比 30%。

第三类：人文类的文章，包括影评、书评以及随笔。这类文章与现在的简书文章相比，明显更有深度。这类文章的占比较大，约为 60%。

第四类：活动征稿类，只有一篇文章，详细介绍了简书官方举办的征文比赛。

由此，我们可以得出简书在冷启动时期，其切入点符合两个主题：一个是重技术性质的涉及编程代码的主题，另一个是重抒发个人观点、情感的主题（比较宽泛）。简书的切入点不同于知乎，知乎最初的切入点是互联网，用户围绕互联网这一话题进行讨论，之后进行扩展。与知乎相比，简书对主题的选择比较宽泛，并不是很明确，对于这种现象的产生，我认为有三个原因。

- 覆盖用户群体范围广，主题的宽泛性能够扩大用户范围。此外，简书还有针对性较强的编程类的文章。这种做法能够快速地吸引一批用户。
- 简书的早期定位是一个写作工具，这些宽泛的内容可能只是证明写作工具适用性的外在表现。
- 这一阶段的填充内容具有测试性，以内容测试用户的反应，再根据用户的反馈进行内容上的调整。比较宽泛的主题能够降低寻找用户兴趣点的时间成本，以帮助产品定位。

基于上面对产品内容的主题分析，我们可以得出结论：简书起初的目标人群是愿意写作与分享的一批人，特别是程序员。

通过阅读具体的文章，我们还会发现一个现象，即简书的用户群体不需要写像知乎知友那样具有严密逻辑和深度（技术性文章除外）的文章，只需记录自己的随笔，写一些自己的感想，抒发自己的情感，表达自己的观点，仅此而已。因此，简书的用户画像越来越清晰——写作能力、专业程度（技术性文章除外）不是很高但又想写作与分享的一批人。而内容填充则遵循了以下方法。

- 官方操作。通过简书的官方账号发布文章。
- 邀请种子用户在平台写作。通过个人关系小范围传播，拉来种子用户，使其在平台上持续生产内容。
- 注册多个官方账号，并在平台生产内容。就是我们常说的马甲号。
- 官方积极与用户（真实新用户）互动，形成反馈和闭环。

再说一个关于“人人都是产品经理”社区的故事。

2010 年 6 月，苏杰出版了一本后来产生了巨大影响的书——《人人都是产品经理》。这本书起初仅仅是在小圈子中有一些影响。因为对于整个互联网来说，“产品经理”是一个新生的事物，还没有得到太多人的关注，这在苏杰的个人微博里也可以看出端倪。

半年后，一个社区悄然上线，这个社区叫作“人人都是产品经理”，创始人是曹成明，他自称“老曹”。

我问老曹：“你的社区和苏杰的书有什么关系？”

老曹告诉我："其实没有关系。"

我不相信，于是我去查了百度指数（见图 2–9）。

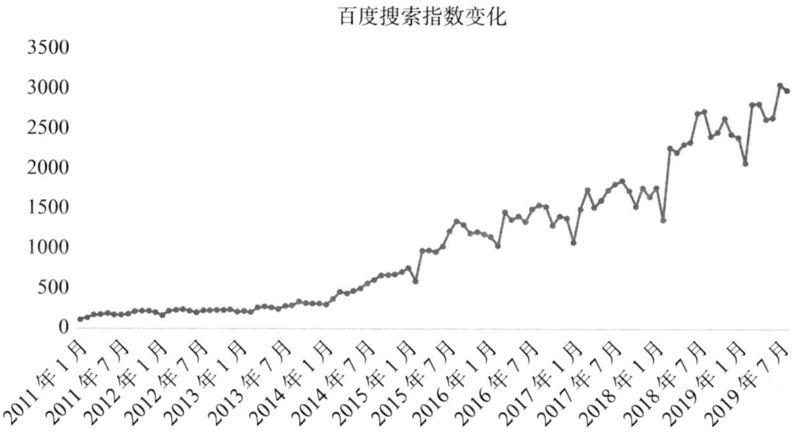

图 2–9 "人人都是产品经理"的百度指数

然后我相信了，"人人都是产品经理"这个搜索关键词第一次过千，已经是 2015 年 5 月的事儿了。

老曹直接说："'人人都是产品经理'的冷启动主要还是靠趋势 + 内容搬运。"

所谓靠趋势，就是这个社区赶上了"产品经理"这个岗位的市场需求大爆发的好机会，而内容搬运则是当年老曹每天在互联网上搜集几十篇文章，审核、把控内容的质量与方向，一点一点完成的原始积累。

而今天，"人人都是产品经理"这个社区，已经从单纯的内容搬运，走向了更广阔的领域。图 2–10 是 2017 年 4 月的“人人都是产品经理”社区的结构图，我们可以看到，它已经不仅仅满足于做内容的推荐和展示，而是将触角延伸到了教育培训、企业招聘等领域，甚至还以一个子品牌“运营派”去切入互联网运营的领域。

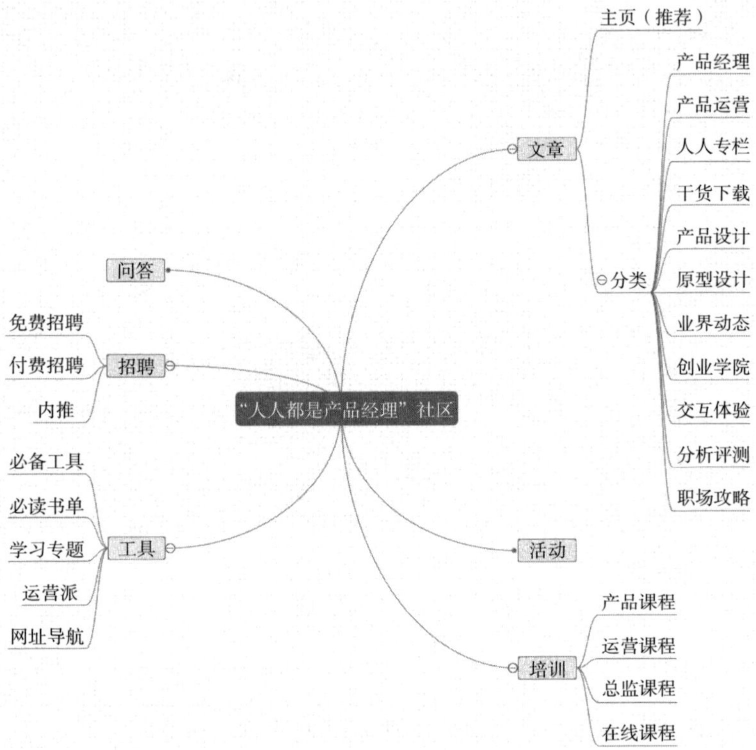

图 2–10 “人人都是产品经理”社区的结构

仔细分辨其中的逻辑，你就不难发现，“人人都是产品经理”社区的发展一直都是以满足用户需求为前提的。

帮助有志于做产品经理的年轻人学习和认识产品经理是起点。随着这些年轻人的成长——年龄和经验的增长，为他们提供不同的内容与服务，让他们更久地在这个社区中活跃才是终点。

我讲这些案例或者故事就是为了让你明白：“内容为王，用户为本”是一个原则而不是一个口号。

老曹在 2011 年决心做“人人都是产品经理”社区时，绝不会想到 6 年后，自己的社区会让全国超过 75% 的产品经理驻留，毕竟那时候，产品经理是否会风靡职场，还是一个未知数。

因此，有时不是你选择了用户，而是用户选择了你。你要做什么？做好准备。

拉新、活跃与留存

谈到运营，有三个关于用户的词，一定让很多从业者感到头痛：拉新、活跃、留存。

基本上，所有的运营人都对这三个词又爱又恨。

拉新是不断让产品拥有更多的新用户，活跃是让所有使用产品的用户在产品中产生更多的行为，留存是让产品已有的用户尽可能久地存在于产品中。

那么，拉新、活跃与留存之间是什么关系？让我来模拟一组数据（见图 2–11、图 2–12）。

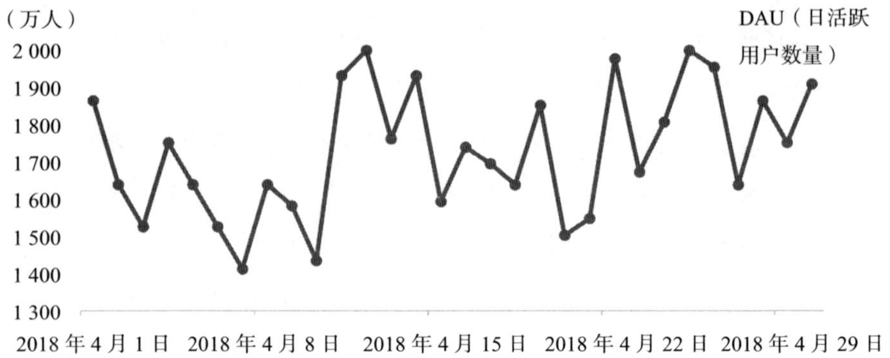

图 2–11　某产品 DAU 变化

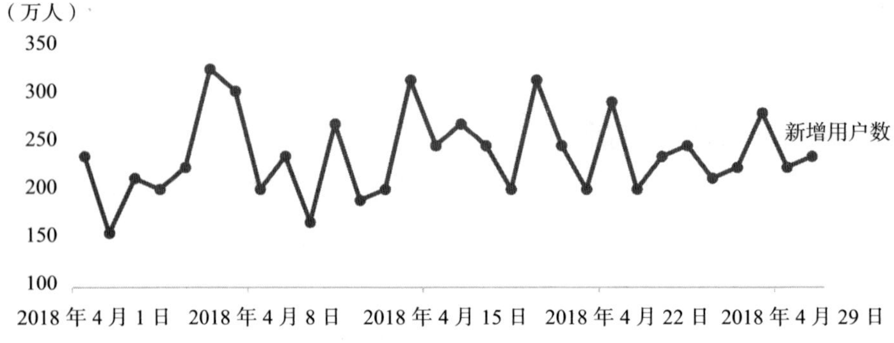

图 2–12　某产品新增用户数变化

我们可以看到，拉新得到的用户计入了当日的活跃用户，而每天的活跃用户中，也有前几天来过的用户（即留存用户）。

在拉新、活跃、留存的三段论里，很容易出现一些悲剧。

悲剧 1：拉新指标完成 200%，但依然没有留下很多用户。

李二毛负责某互联网金融 App 的运营工作，这个 App 提供互联网金融和理财功能。李二毛接到任务，必须要在一个月内实现 10 万新用户注册。李二毛认为这很容易，他向领导申请了一个活动——凡是在月内注册的新用户，每个人都可获得 10 万元的理财金，理财金享有 4% 的年化收益率，而每充值 1 万元，就可以激活 1 万元的理财金，以此类推，充值 10 万元，就可以全部激活理财金，且到期后，用户可以一并赎回本金和利息。如果不充值，那么用户最后可以拿到 5 折的利息收益。

活动当月，李二毛实现了 20 万新用户注册，但活动结束后，这 20 万用户就提取利息消失了，被收益套牢的用户寥寥无几。

李二毛很失落，他发现虽然他为每个注册用户花费了 100 多元，但留到第二个月的用户数量几乎可以忽略不计，并且这些用户仅在参与活动和赎回时活跃了两次，其他时间根本不投入理财。

李二毛很绝望，他认为这些人就是专吃活动奖励的败类。

悲剧 2：用户数超级稳定，老板却质问为何拉新乏力?

王大雷负责的产品已经上线好多年了，用户数一直处于稳定且缓慢的增长状态。产品在进入稳定期的同时，也伴随着新用户的缓慢增长。老板看到竞品们都在烧钱拉用户，自己这边却不温不火，很着急，要求王大雷想办法提升用户数。

王大雷的想法和老板有些不一样，他认为产品目前的状态很健康，老用户一直都很活跃。虽然用户的增长速度有些慢，但是用户的留存率很高，并且还能保持较高的活跃度。此外，产品的各项数据指标看起来也很健康，不论是从用户的 7 日留存率、30 日留存率还是付费率来看，都非常稳定。如果此时大举拉新，可能就会破坏已有的产品内部的用户生态，因为拉新势必意味着对新用户倾斜资源，但事实上，现在的老用户提出的各种需求，也因种种原因而未能立即满足，大规模拉新很可能导致老用户的流失。

虽然王大雷不情愿，但他不得不服从领导，于是他设计了一个又一个拉新的活动。活动期间，他依然兼顾老用户的体验，因此拉新方案的效果不尽如人意，老板开始质疑王大雷的能力。

悲剧 3：拉新拉不进来，老用户也没留住，这产品做不下去了。

赵不同和几个朋友合伙创业，目标是深耕某地区的 O2O 市场。但 O2O 遭遇资本大战，赵不同创业受阻：一是投资人对这个领域已经有戒心，轻易不肯投入过多的资金，担心“烧钱”；二是自己的产品设计有瑕疵，商务谈判的进展也不太顺利。

产品上线半年后，前期因资本投入而吸引来的一批用户，因为缺乏优惠活动而不再活跃，甚至消失了，而后期的拉新苦于成本问题，也没有获得更好的进展。赵不同和合伙人每天都在发愁，如果长此以往，产品就要失去用户了——不仅拉新拉不动，而且老用户也因没有优惠而流失。

基本上所有的运营人都遭遇过这些悲剧。

也许你认为只有做用户运营的工作人员才会碰到这些问题，其实不然，上至老板，下至具体的运营人，都会被这些问题或多或少地困扰着。

因为无论是对整个公司负责的大运营，还是负责具体业务的小运营，其工作中都会涉及用户规模、营收利润等指标。用户数要么是用户规模的核心，要么是营收利润的基础。总之，只要你做运营工作，就必然会碰到这些问题。

老板并不关心拉新、活跃、留存，他只关心用户规模的持续扩大和营收利润的持续增长，但运营人必须要清楚，拉新、活跃、留存是互相独立、互相影响的三个部分。

拉来的新用户在拉新当日一定是活跃的，但产品有没有足够的能力让他们在注册的 N 天后继续活跃？产品是否有有效的激励机制保证用户持续活跃，这决定了拉新质量和用户在留存过程中的活跃时间。

我个人比较欣赏国外互联网的做法，用“增长黑客”来解决这些问题，而不是交由一两个运营人来解决这些问题。

传统的运营策略有一条关于新用户的定律：运营人需要让新用户持续进行某个动作至少超过 3 次（在不同的产品里，这个数字是变化的），从而使新用户习惯这个动作，并在未来的行为中持续进行该动作。

我们都见过“签到”的产品功能设计，其背后的逻辑：保持用户的签到活跃度，就可以保持这个用户的活跃度。

用户的一个行为就可以决定其是否能在产品中持续留存，这是整个逻辑的关键。举一个例子。

腾讯自研的《王者荣耀》，支持微信、QQ 等社会化媒体账号的登录。以微信为例，在“发现”中有一个“游戏”板块，这个板块的设计如下。

1. ×× 个好友在玩《王者荣耀》。

2. 进入《王者荣耀》的板块后，会看到礼包中心。

3. 礼包中心有如下设计。

（1）本周签到礼包：每周一自动更新，每日访问微信游戏中心可以领取礼包，每个账号每天可以领取一次，礼包自动推送到游戏账号内，登录游戏即可查收。

（2）登录礼包：每日登录游戏可以领取礼包，每个账号每天可以领取一次，礼包自动推送到游戏账号内，登录游戏即可查收。

（3）任务礼包：登录游戏完成相应任务可以领取礼包，根据任务内容领取对应礼包，领取后，礼包自动推送到游戏账号内，登录游戏即可查收。任务礼包包括每日排位赛礼包、周一礼包、VIP 1~8 级礼包、公众号关注礼包、游戏圈关注礼包等。

（4）微信游戏下载礼包：通过微信游戏页面下载游戏并领取礼包，每个账号可以领取一次，领取后，礼包自动推送到游戏账号内，登录游戏即可查收。

如果你仔细研究这些礼包，你就会发现其背后的策略非常简单：通过用户每天在游戏和微信之间的切换，确保用户持续在两个 App 中活跃，并奖励用户根据指引做出的相关行为。可以说，用 N 个礼包换取 2N 次用户活跃，这是非常聪明和讨巧的做法。

但类似的做法在其他应用中就很难被复制，原因就在于，微信是用户高频使用的 App，而玩儿游戏也需要用户高频使用 App，当两个高频叠加的时候，App 对用户施加的影响就会指数级扩大。

关键就在于找准用户的习惯并培养用户的习惯。在这里，你不妨问自己一些问题。

- 为什么一到“双 11”，各种购物攻略就在互联网上四处传播？
- 为什么有些用户对图标上的红点、数字提醒和通知格外敏感？

- 为什么你会关闭或者打开微信的系统通知？
- 为什么一旦玩儿一款游戏有一定的时长后，你就会觉得放弃了很可惜？

…………

在前面提到的定位理论中，反复说起“以品类来思考，以品牌来表达”的概念，而在互联网运营理论中，也曾有人反复提起“利用人性的弱点来切入”，其实它们背后的逻辑是一样的。

对消费者来说，当他想买一双运动鞋或者一件冲锋衣时，他是以品类来思考的。但是当他付诸消费行为时，他会以品牌来表达，选择耐克、阿迪达斯、李宁的运动鞋，同样他也会选择北面、始祖鸟的冲锋衣。又或者，当他想喝可乐的时候，他也会诉诸可口可乐、百事可乐的品牌。

对用户来说，当他想要玩儿某一款游戏的时候，他是以品类来思考的，但是当他开始选择玩儿哪一款游戏的时候，他就会以品牌来表达自己的选择。

这是因为品牌通过定位给了用户“思维定势”。

让我们做几个小实验。实验一：当有人说起“网络文学”时，你会想到什么？你很可能想到的是“起点”，或者“阅文”。实验二：当有人说起“买东西”时，你又会想到什么？是“淘宝”“天猫”？还是“京东”“亚马逊”？

商务社交产品“脉脉”，曾在早期使用这样的口号：生活用微信，工作用脉脉。这个口号让脉脉小火了一把，但如果你去问用户，你工作中用微信多还是脉脉多，那么估计用户还是会把票投给“微信”。对一个通信工具来说，场景可切换是其自带的属性，你可以用微信交友，也可以用微信与客户沟通。

这两者之间的差别，并没有产品自己想象得那么大。

当你终于要考虑拉新、活跃、留存的问题时，你也应该明白，产品本身的基调会帮你吸纳何种类型的用户？他们为什么花费大量的时间在产品中活跃？他们又会在产品中留存多久？

在扩大、稳定用户规模的手段层出不穷的今天，清楚自己需要什么类型的用户以及如何拉动这一类型的用户加入，比思考用什么手段、花多少钱去吸引用户要有价值得多，毕竟这才是核心问题，手段、方法、预算都是边缘问题。

同时，在不同的阶段，产品需要的用户类型是不同的。

以知乎为例，2010—2013 年，知乎处于封闭阶段，它需要更多输出“硬核”内容的内容生产者，而对于内容消费者，它采取了限制策略。更多地倾向内容生产者，是当时的知乎必须要做的事，用优质内容来吸引优质内容渴求者的关注，让这些用户“想得却不可得”是其运营策略的一部分。

而 2013 年之后，知乎就开始走向开放，它需要平衡的是大量引入新用户带来的“非硬核”内容与老的优质内容生产者的“硬核”内容之间的权重，以及平衡用户引入的节奏——即使这个节奏是难以控制的，也必须要尝试。

所以，在 2014 年和 2015 年，用户会在知乎上看到举报机制、防垃圾机制的强化，还会看到出于对社区氛围的考量，知乎团队尝试用友善度去控制社区氛围，使其完成从热烈向爆炸的降速运行。2016 年和 2017 年，越来越多的老内容生产者从内容生产转向内容消费，甚至淡出知乎。

知乎团队对忠诚用户的培养，也有自己的一系列策略。

2010 年，知乎在刚开始内测时，通过控制用户流入的方式甄别其中的积极用户和高质量内容生产者，并予以情感维系（也许你还记得，《从零开始做运营》一书中有知乎送杯子和情书的故事）。而从 2014 年开始，“盐 Club”线下聚会就可以被看作处于第二阶段的知乎的代表活动，此时的知乎通过扶持高质量用户提升用户忠诚度。处于这个阶段的知乎在慢慢转变，在“盐 Club”每年的颁奖礼上，从聚焦原生的大 V 到推广新领域的勤奋小 V 与中 V，再到举办 2017 年的投票活动，知乎甚至允许机构作为候选人参与评选并获奖。

在运营实操中，运营人往往要面临短期增长的压力。从道的层面上来看，但凡要求短期增长的企业，往往在面对长期发展的时候都会遇到各种问题，因为短期增长的速度难以受控，而运营又需要一系列的基础建设——既有对产品前端的要求，也有对后台系统的要求，还有对数据处理能力的要求，基础建设是一个永远不可能结束的命题。所以，当产品、运营、开发三条线的节奏不在一个频道上的时候，短期增长带来的压力，就有可能会带来难以预料的后果。

在移动互联网领域，“足记”和“脸萌”都经历过这种痛苦。

足记是一款诞生于 2014 年的主打原创图片视频的社交分享 App。2015 年 2 月，足记上线“大片模式”，不到两个月，就获取了 1 000 万注册用户。2015 年 3 月，足记几乎成为所有社交、媒体平台的宠儿，凭借电影大片既视感的滤镜功能所制造出来的图片在短短一个月内刷爆了用户的朋友圈和其他社交媒体，横扫了十几个国家的摄影榜单。2015 年 7 月，足记的用户数达到 3 000 万，一度让人以为图片工具领域杀出了一头新的独角兽。但热度很快过去了，足记在火了小半年后，淡出了所有人的视线。

我曾经在我自己的公众号“张记杂货铺”2015 年 4 月的三篇文章里表达了我对足记的看法。

> 当一个社区只有单一内容的时候，它一定会遇到障碍。
>
> 因为它只能提供一种类型的内容，其用户群必然狭窄，而一旦发展到瓶颈，其衰落也是快速的。
>
> 如何突破？

我不知道。

或许最初在设计上的小众选择，就已经决定了足记的路一点儿都不好走了吧。

值得庆幸的是，似乎足记已经开始培养自己的种子大V了。那么，就继续祝它成功吧，即使目前看来，成功的可能性并不高。

这样的App能不能活下来，以及长期看能不能活得好，不是看引爆点引爆的范围有多大，涉及的人群有多广，而是看自体系内的用户转化与留存的状态。

作为看客的我们既不必对此过分悲观，也不应过度羡慕和紧张。一款App从引爆到成熟，有很长的路要走。App能够引爆市场，说明市场有需求，而其能否发展成熟，要看能力是否能够跟上发展进度，如果可以，那么足记将会是一个非常有意思的App。让我们拭目以待。

社会化平台太可怕了。它会带来一种错觉：我的用户都在这里。

但是在这里的，并不都是你的用户。

引爆产品运营后的难点就在于快速地完成用户转化。

通过各种引爆方式，产品获得了看似活跃的用户，但他们未必会对这个产品产生依赖。即使一个用户每小时都分享产品，也并不代表他会对实现产品的核心价值产生帮助。

转化留存，比导流获取难得多，但其价值也大得多。

这三篇文章反复提到了社会化平台引爆拉新后，再将用户拉回自体系转化留存的难度。

事实上，在移动互联网的时代里，很多 App 都是这么做的：它们凭借一次成功的、或有意或无意的事件营销，刷爆了某一个社会化平台，从而在短期内获得了大量的用户。到这里，90% 的 App 就结束了动作。

但大多数有经验的运营人还是会有担心：短期内拉来的这些用户究竟能在平台里活跃多久？

拉新是一个开头，活跃是过程，而转化留存却是通过不停思考、做动作刺激活跃后获得的最终结果。

缺乏经验的运营人往往会在挽回流失上下功夫。事实上，他们并不知道用户是在哪个环节上流失的。如果他们知道这一点，就会提前应对，而不会等到用户离开后才去琢磨怎么挽回用户。这就像谈恋爱，相恋容易相处难。

在众多的细枝末节中，随时有矛盾积累和爆发的时机与可能，但如果运营人缺乏经验，无法提前看到问题，那么到最后的结局呈现时，运营人再想做动作就很难了。

于是，我们需要一些方法来帮我们做一些能够“预知未来”的选择。

而谈到“预知未来”，不论运营人的主要工作是做内容，还是维系用户，他们都会在一定的阶段接触到标签、画像、偏好这一系列的名词，而这些名词的背后就是数据驱动的个性化推荐。

所谓“个性化推荐”，就是基于产品沉淀出来的大量的用户数据，再通过算法来判定和识别单个用户可能的偏好，并利用自身产品中设计的模块和渠道交付用户的聚合信息。

用户数据是基础，它包含很多内容。譬如，基础属性数据：性别、地域、年龄等；行为属性数据：注册时间、登录习惯、使用频次、访问深度等；消费属性数据：历史购买习惯、历史浏览习惯、对应的商品或内容分类、消费额度、消费频次等；这里的消费，未必就是指付出真金白银。

面对宽泛的数据维度，我们不仅要将这些数据聚拢起来，更要找到数据背后的关联。

那么，如何做好拉新后的留存？我再来给大家介绍一个案例。

我们在微信上经常会看到一些被称为“裂变”的拉新玩儿法，譬如招商银行就很喜欢推出“合体抽 ××”的活动，且活动规则很简单。

> 用户报名参加活动，报名后需要分享活动页面到朋友圈，邀请其他朋友与自己“合体”，合体的数量作为排行榜的排名依据，用户最终凭借排行榜的位置获得相应奖品。

自 2017 年 iPhone 8 上市后，“招商银行信用卡”公众号正式推出了这个“合体”活动并一直延续到 2018 年 7 月，其间大概每半年进行一次推送。

当然，这个案例不具有绝对的代表性，因为它并不是招商银行信用卡以拉新为目的的活动——对于信用卡来说，拉新是办卡——这个活动的本意是要为信用卡的公众号拉新。

通过活动刺激现有公众号的用户转发活动内容至朋友圈，让其朋友圈的好友前来完成“合体”动作，也让招商银行信用卡的公众号获得短期内的大量曝光。这些曝光使“招商银行信用卡”公众号有机会获得新关注用户，而在这些新关注的用户中，有些人已经有招商银行信用卡，有些人并没有招商银行信用卡，于是，“招商银行信用卡”公众号可以针对这些用户做不同的操作。

- 对于还没有办卡的用户，主推“办卡”。
- 对已经有卡的用户，主推账务服务、积分和活动。

不要小看这些操作，正是因为有这些操作的存在，才有可能实现活跃、留存甚至转化被引入用户的目标。

事实上，裂变是有完整套路的，所以下面我会为大家专门讲讲如何做好用户裂变。

如何做好用户裂变

如果说拉新、活跃、留存依然是互联网时代的重点，那么用户裂变就是移动时代的特色。

请注意我的说法，我并没有说“用户裂变”是移动时代的工作，为什么？

我相信对于喜欢旅游、喜欢住民宿的朋友来说，这张截图（见图 2–13）一点儿都不陌生，这是 Airbnb（爱彼迎）的用户推荐计划的截图。

图 2–13　Airbnb 的用户推荐计划

只要谈到增长黑客，就不得不提两个关于 Airbnb 的故事。

在 Airbnb 建立初期，它借助 Craiglist（分类信息网站）的 API（应用程序编程接口）漏洞完成了自动化同步功能——当 Airbnb 更新房源信息时，会同步房源信息到 Craiglist 上。用户在 Craiglist 上看到 Airbnb 同步的房源信息后，又会被引导到 Airbnb 上预订房源。这是第一个故事。

刚推出用户推荐计划时，Airbnb 采用“朋友照片 =100 美元”的设计界面吸引用户（见图 2–14），其转化效果一般。

随后他们通过 A/B 测试得出“送好友 25 美元去旅行”的转化效果要远远好于“邀请好友，获得 25 美元”的转化效果的结论。

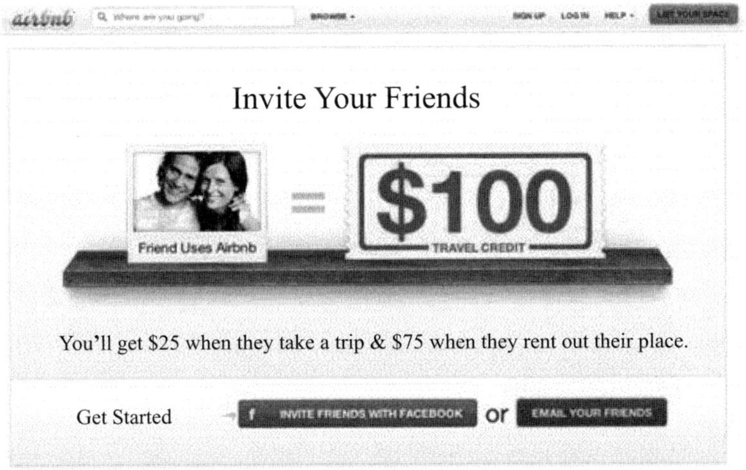

图 2–14　Airbnb 的初期用户推荐计划

我曾经与朋友开玩笑说："如果在中国做这个测试，那么'邀请好友，获得 25 美元'的文案可能会大获成功。"

结果，当 Airbnb 的中文官网上线后，我看到了这样的文案（见图 2–15）。

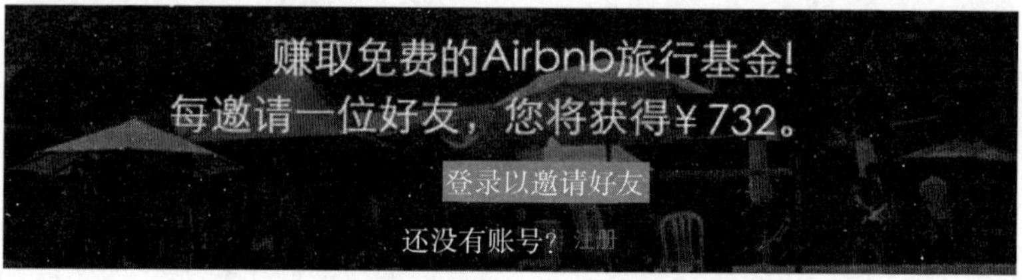

图 2–15　Airbnb 中文官网的用户推荐计划

值得庆幸的是，它并不是为中国区特意撰写的文案，其他国家和地区的 Airbnb 官网也出现了相同的文案（见图 2–16）。

当然，这或许是 Airbnb 再次做了 A/B 测试也未可知。

但我希望大家思考一个问题：通过用户邀请进入的新用户和自然关注进入的新用户，他们对产品的预期和最终行为的差异究竟会如何体现？

之所以要思考这个问题，是因为它是用户裂变中需要我们仔细思考并具体完成策略设计与执行的关键问题。

通常，我们在考虑用户裂变时的思考路径是这样的。

- 如何让用户完成裂变动作？

- 每个用户会带来多少新用户？
- 如何让新用户完成转化或者直接留存并减少损耗？

图 2–16　其他国家和地区的用户推荐计划

对于第一步的疑问——如何让用户完成裂变动作，其实有一个公式：

$$B = MAT$$

翻译后：

$$\text{Behavior} = \text{Motivation} \times \text{Ability} \times \text{Trigger}$$

行为 = 动机 × 能力 × 触发机制

也就是说，你所期望的用户行为，是用户在有能力的情况下，通过你赋予的动机和触发机制来完成的。

举一个例子：小王今天一整天都没有喝一口水。小王今天没喝水，这是一个行为，但小王今天没有喝水的原因却有很多种。

- 小王的杯子摔碎了，他还没有买新杯子，同时公司也没有一次性水杯。这时候，小王口渴了（触发机制存在），他想喝水（动机存在），但是因为没有能用的杯子（缺乏能力），所以小王没有喝水。
- 小王今天非常忙，根本没有休息的时间。这时候，小王有杯子（能力存在），但因为实在太忙（触发机制缺失），所以即使小王很想去喝水（动机存在），也没法喝，所以他口渴了一整天。
- 小王今天刚好收到了一箱水果。由于水果可以解渴，小王无须喝水（动机缺失），所以即使杯子在手边，饮水机里也有水（能力存在），但小王根本想不到要去喝水（触发机制缺失）。

所以，要解决思考路径中的第一步的问题——如何让用户完成裂变动作，就需要为用户设计一个动机，即在用户的能力范围内，给用户一个强有力的触发机制。

譬如，通过邀请他人关注公众号、安装 App 以及给予邀请人免费的资料、书籍、讲座等方式，促使有兴趣的用户完成相应的动作。这些免费给予的奖励，就是其完成行为的“动机”；邀请他人关注公众号、安装 App，则是用户在人脉所及的范围内实现的力所能及的动作，这些动作都是用户的“能力”；而通常用户在每完成条件要求的部分或全部内容后，都会收到奖励提醒或者进度提示，以此作为“触发机制”，刺激用户不断重复相应的动作。

当然，找寻动机与触发机制的过程，并不一定能一次到位，这就需要我们有快速试错的意识，持续的 A/B 测试可能就是方法之一。

思考路径的第二步是无法通过推测来完成的，它涉及两个问题：第一，用户的邀请或传播行为是在哪个渠道完成的？第二，用户是否竭尽全力拉动新用户？

对于第一个问题，微信官方曾给出如下数据：2016 年，好友在 200 人以上的用户占 45%，好友在 200 人以下的用户占 55%，而好友超过 500 人的用户占比是 13.5%。因此我们认为，普通人的好友在 200 人以内，而大咖则可能拥有数个 5 000 个好友的朋友圈，那么你能通过一个用户获得的新用户数的理论值会在 200 与 5 000

之间。但事实并非如此，因为任何领域都存在转化率问题，同时我们会尽可能考虑大数挖掘的效率。

而如果你离开了微信，采用邮件、微博或者 Facebook（有些产品会拥有海外用户）等社交方式，那么新用户数的理论值会更低。

这也是为什么在微信的朋友圈里，我们会通过他人转发看到大量的带有二维码的海报，而微信则明文禁止诱导分享、诱导关注的运营行为，甚至对此行为严加打击。

针对第二个问题，我们做过一个有趣的对比实验。

做法一：参加活动的用户购买指定课程后，只要完成规定天数的连续打卡，并把打卡内容分享到朋友圈，就可以得到学费全额返还。

做法二：用户分享一张活动海报到朋友圈，推荐朋友关注公众号，推荐关注达到一定的数量后，用户就能获赠一件实物奖品。

大家可以猜一下，就活动的拉新和裂变效果来说，哪一个做法的效果更好？

答案是做法二的效果更好。请注意，两次做法针对的人群是一样的，但是，做法一产生的效果还不到做法二产生的效果的 1/3。

这个效果是如何判定的呢？

在医学领域，有一个病毒传播指数 K，K 的计算方法如下：

$$K = i \times c\%$$

其中，i 是被感染人群，$c\%$ 是转化率。

在裂变中，我们同样会以 K 值和传播周期来衡量效果。关于传播周期，有一个更复杂的公式：

$$\text{Custs}(t) = \text{Custs}(o) \times [K(t/ct+1)-1]/(K-1)$$

T=time

Ct=cycle time

Custs（t）是活动结束后获得的新用户数，t 是活动周期，ct 是病毒传播周期，Custs（o）是初始种子用户数。

做法一的数据如下（仅是模拟数据）（见表 2–1）。

表 2–1　做法一的模拟数据

初始种子用户数（人）	活动结束后获得的新用户数（人）	活动周期（天）	病毒传播周期（天）
480	520	10	9

于是我们知道：$520 = 480 \times [K^{(10/9+1)}-1]/(K-1)$。

此时，$(K^{2.1}-1)/(K-1) = 1.08$，换算之后得出 $K^{2.1} = 1.08K-0.08$。

到这一步，我们已经知道 K 值 <1 不可能带来病毒传播。

下面是做法二经过模拟后的数据（见表 2–2）。

此时，我们得出：$2\,400 = 320 \times [K^{(6/2+1)}-1]/(K-1)$，即 $7.5 \times (K-1) = K^4-1$。

表 2-2 做法二的模拟数据

初始种子用户数（人）	活动结束后获得的新用户数（人）	活动周期（天）	病毒传播周期（天）
320	2 400	6	2

求解得出 K 值约为 1.44，这说明做法二可以带来病毒传播。如果活动能在这个基础上继续放大传播周期，那么传播效率就可以再上一个台阶。

通过对比，我们也发现了其中存在的问题：用户对于需要做传播这件事已经极为熟练和敏感，所以大量的用户在活动奖励本身缺乏足够大的额外利益诱导时，并不会主动做出真正具有传播效果的分享动作。

这也解释了为什么第二步的“每个用户会带来多少新用户”的问题不能通过推测来解决，而是要通过数据的多次验证来解决。

继续用户裂变的话题，思考路径的第三步“如何让新用户完成转化或者直接留存并减少损耗”，是一个很值得讨论的问题。因为经验告诉我们，如果我们仅仅通过利益诱导来获得用户，那么大概有 70% 的用户会在未来的 1~2 周内被消耗掉，也就是取消关注或者卸载 App。

这里有两个解决方案。

解决方案一：新用户要在进入的 3 个小时内被变成裂变传播的一个种子。这样一来，即使他后来流失了，他也至少带来了新用户，产生了价值。

解决方案二：结合产品调性与用户关切点，在新用户进入的 3 个小时内，通过运营手段完成转化动作，让他成为一名真正的用户。

解决方案一是要快速实现裂变后的二次裂变，适合大众类型的产品，譬如阅读产品、打车产品等。

解决方案二是要进入精细化运营，适合不那么大众的产品，譬如垂直人群的服务类产品。

大家还需要注意 3 点。

1. 互联网产品的竞争永远是流量竞争。

不管你的产品有多优秀，竞争对手的产品有多差劲，谁拥有更大的流量，谁就有机会活得更久。以知识付费产品为例，假设某大众产品 A 的用户付费率（付费率 = 付费用户 / 注册用户）是 3%，它的注册用户人数有 5 000 万，这意味着它的付费用户数是 150 万。而 B 是垂直领域的知识付费产品，付费率可以达到 15%，但注册用户只有 50 万人，这意味着只有 7.5 万人付费，除非 B 的客单价能够达到 A 的 20 倍，否则 B 的收入水平永远无法达到 A 的收入水平。

2. 简单粗暴地获得流量永远是在竞争中胜出的一种方案，但更重要的竞争点在于获客后如何留存与转化。

这句话是要提醒所有做裂变的同行，裂变的拉新本身是一种门槛极低、打法极其粗放甚至粗暴的获得流量的方法。如果你仅仅专注于拉新，那么你唯一能做的就是优化获客的单位成本。譬如，将获得一个用户的成本从早期的 10~15 元，甚至 25~30 元，降低到 2~3 元。但这还远远不够，受利益驱使而参与裂变的用户，未必会停留很久，关键是你最后用什么方式去留存你的目标用户。从运营效率的角度来说，拉新获得的 Leads 和最终达成成单的 Leads 的差距越小越好。所以，裂变从一开始就要把拉新、留存与转化放在一起考虑，能够通过拉新直接转化的用户绝不考虑先留存，因为这是运营效率最大化的方式。

3. 留存与转化问题，既可以通过内容解决，也可以通过服务解决，这个问题没有标准答案。

我在前文中提到我个人比较欣赏国外互联网的做法，用增长黑客来解决这些问题，而不是交由一两个运营人来解决这些问题。

在知乎私家课里，我曾用一节课讨论中美互联网之间的差异。我提到中美两国的互联网都存在流量问题——流量成本越来越高，而大家对流量的渴求越来越强烈，这个问题怎么解决？

中国依靠运营人的不断自我完善与强化来解决问题，而美国催生出了增长黑客这样专门为流量负责的团队。

为什么这一节要提到增长黑客？答案很简单。这一节我们谈的是用户裂变，但我希望所有的读者都明白一件事：获得流量永远比活跃、留存流量要难，至于转化获得的流量，只会更难。

并且我也非常期待我的读者能明白一个道理：增长黑客并非仅仅关注获客，它实际上代表了数据化运营。因为它是运营，所以就会涉及用户全生命周期的问题，而不是只涉及获得用户、获得流量的问题。

如果有老板正在读这本书的话，那么我希望所有的老板都能认识到一个事实：国内并没有真正意义上的增长黑客，只有实打实的运营人。不要总是看到新的词汇，就觉得变天了，人才有缺口了，事实是你目前所拥有的团队成员，就是你目前能够获得的最好的人力资源。想办法让他们为你创造价值，比轻信某个名词，然后去胡乱招人的结果可能要好得多。

关于用户裂变，我们刚刚提到了病毒传播指数的公式，可以验证裂变动作的有效性。除此之外，我们还需要有其他的思考。

- 裂变是为了让已有的流量指数级增长。裂变本身是有阶段的。第一个阶段是冷启动阶段，这个阶段的核心不是追求增长的速度，而是验证增长的模式，以及从参与裂变的用户中找到关键节点——能够大规模带来用户的节点；第二个阶段的重点是将节点维护起来，找到让用户在该节点表现得更有意愿参与，进而更加高效获客的方法；第三个阶段是验证已有的模式可以被规模化，这个阶段有很多坑，包括可能会受到传播渠道的规则的限制等，但如果不经过这个阶段，就没法进入下一个阶段；最后一个阶段就是追求裂变速度的增速阶段。请注意，在不同的阶段中，裂变对用户的价值呈现可能需要调整。

- 裂变的同时，需要关注其他指标的健康度。只关心用户是否进入是狭隘而低质的策略。只有不停地复盘阶段性的数据，关注每一批裂变进入用户的行为数据，才能确保裂变在整体上是健康的。

为了更好地解释以上说法，我们一起看一个数据切片的案例。某产品利用微信公众号进行裂变，假设裂变的频次是每周一次，我们就能拉取到一套数据（见表 2–3）。而我们用这套数据进行计算，就可以得到另外两张表（见表 2–4、表 2–5）。

从表 2–4 中，我们可以看到周变化。我们模拟的是一个裂变的周期，不同的时间节点反映不同的周期变化，从冷启动期到增长期，这些变化会通过各种率来体现，且趋势是逐渐变好，即使中间可能会有阶段调整。当然，拉新和留存的成本并不是越低越好，而是随着裂变趋向稳定。只有所有的成本都趋向稳定，投资回报率才会越来越高。

表 2–3　裂变进入用户的行为数据

开始	结束	关注（人）	取关（人）	净增（人）	次周留存（人）	当周付费（元）	当周客单价（元）	次周付费（元）	次周客单价（元）	成本（元）
11 月 1 日	11 月 7 日	15 000	5 800	9 200	5 200	100	100	124	98	20 000
11 月 8 日	11 月 16 日	20 000	12 000	8 000	2 300	87	110	130	111	30 000
11 月 17 日	11 月 23 日	30 000	11 000	19 000	8 900	450	100	680	120	35 000
11 月 24 日	11 月 30 日	50 000	21 000	29 000	13 500	960	120	1 240	114	50 000

表 2–4　该次活动留存率、付费率统计

所在周	周留存率	周付费率	当期付费率
第 1 周	56.52%	1.09%	2.43%
第 2 周	28.75%	1.09%	2.71%
第 3 周	46.84%	2.37%	5.95%
第 4 周	46.55%	3.31%	7.59%

从表 2–5 中，我们可以更清楚地看到成本的变化以及投资回报率的变化。这个趋势基本反映了每个阶段的真实变化，拉新和留存的成本从不稳定到稳定，从高到低，投资回报率从低到高，基本的趋势与裂变增长的阶段是吻合的。

表 2–5　投资回报率

所在周	拉新成本（元 / 人）	留存成本（元）	当周收益（元）	当周投资回报率	当期收益（元）	当期投资回报率
第 1 周	2.17	3.85	10 000	0.50	22 152	1.11
第 2 周	3.75	13.04	21 722	0.72	24 000	0.80
第 3 周	1.84	3.93	59 430	1.70	126 600	3.62
第 4 周	1.72	3.70	196 800	3.94	256 560	5.13

对于所有期望做裂变的组织来说，它们都必须建立这样的意识。

- 裂变数据在不同时期会有不同的呈现。
- 不同产品的数据会有不同的表现，但总体的趋势应该趋于一致。
- 在稳定的裂变模式被找到之前，组织要有足够的耐心观察数据的变化，并且鼓励团队不断进行尝试，找到正确的路径。

只有这样，才能实现好裂变，而不是在追逐流量增长的路上迷失了最初的方向。

构建你的用户体系

很多人问过我一个同样的问题：如何构建一个用户体系？这

个话题其实是很大的。所以，我尽量在这一节里摘出重点，尝试给出切实可行的实施方法。

让我们先了解用户激励与用户体系的概念。

用户激励是手段。手段既可以作为单点刺激用户的工具，也可以是成套系的工具集合。

用户体系则是一套完整的打法，是从用户接触到用户离开，覆盖用户全生命周期的一整套解决方案。

之前我提到过一个行为学公式：

B = MAT（行为 = 动机 × 能力 × 触发机制）

受这个公式启发，我自创了另一个公式：

H = BF（CT）

翻译后：

Habit = Behavior × Frequency ×（Circle Time）

习惯 = 一定周期内的某种行为 × 该行为在这段周期内被执行的频次

用户激励就是为了完成行为的实施和习惯的养成，同样地，用户体系也适用于这种思路。

如果我们要建立一个用户体系，那么，这个用户体系应当解决什么问题？事实上，不同的公司或者产品对这个问题的回答是完全不同的。不过，大多数的公司或者产品关于这个问题的答案可能都会落在下面的区间内。

- 建立用户体系是为了更好地促进用户的活跃和黏着。
- 建立用户体系是为了更好地促进用户的转化。
- 建立用户体系是因为目前没有体系，希望借助体系来提高效率。

前两个答案是对外的目的，最后一个答案是对内的管理策略。

而一定有对应的行为指标来判定用户的活跃、黏着或转化。我们从用户活跃和黏着的角度来举例。

首先是单次激励。假设某个公众号要在短时间内获得一批新用户，这时它的核心指标就是用户数，行为指标就是已有的用户在单位时间内能够通过一定的方法与手段获得的新用户数。

这个公众号大概会选择做活动。公众号通知老用户："我们用一周的时间来做一个奖励活动，只要你分享海报并在 24 小时内赢得 400 个关注，我就送你一台 iPhone XsMax。"

这就是单次的用户激励，并且这是通过高额的利益诱惑一次性榨干用户朋友圈资源的玩儿法。当然，你也可以认为这是一个活动。

对于用户激励，其实大家都很熟悉。

如果这个活动有效果，那么这个公众号可能就会长期去做这样的活动，久而久之就形成了一个机制，这个机制就构成了这个公众号用户体系中的获客的一部分。

再举一个有关激励的例子：微信运动。

有一次，我发现朋友圈里有人一天走了9万多步（见图2–17），我很震惊，把微信运动的页面给朋友看，朋友和我开玩笑说：“如果这哥们儿不是跑了马拉松，那么估计这一天是把手机挂狗脖子上让狗四处跑了，当然也有可能是甩了一天手机。”

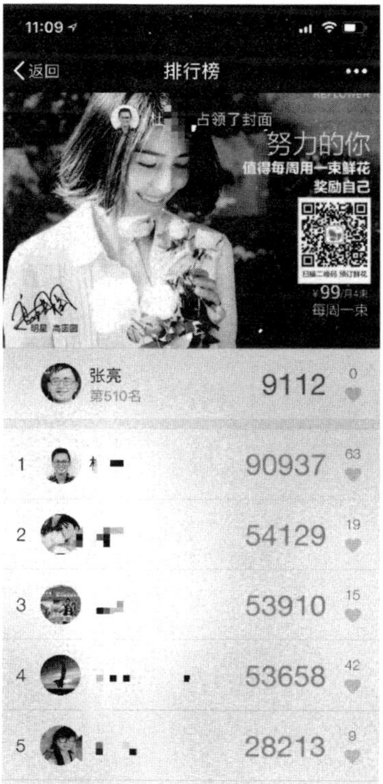

图 2–17　某天惊现走了 9 万多步的朋友圈牛人

大家想一想，为什么那么多人喜欢看微信运动里自己走了多少步，甚至很在乎自己有没有成为朋友圈里当天走路最多的人呢？因为微信运动的设计是，如果你今天是朋友圈里走路最多的人，你就可以占据别人的微信运动的封面。而因为微信运动每天晚上 10 点会定时推送，以你为主角的封面图就有机会被朋友看见，同时可接受朋友的点赞。

这么做真的有意义吗？其实远不如前面的集齐 400 个关注就获得 iPhone 实惠，但事实是每天都有人为了占据朋友封面而绞尽脑汁刷新步数。

以那个刷了 9 万多步的牛人为例，从图中你可以看到他占据朋友封面的目的是为了推广自己的产品。因为他占据了封面，所以他的引流二维码就可以出现在好友的微信运动封面上，并受到关注。我不知道这个动作对他的产品有没有帮助，但类似这样的目的叠加，就可能会让人绞尽脑汁去做这样的动作，这就是激励的效用。

对于用户激励来说，我们通常会看到三类形态。

- 带来竞争或争夺优势的激励。这是为了激发用户的持续活跃和留存。
- 具有区分身份作用的标识，甚至能带来荣誉的称谓体系。这是为了刺激其他用户所做的区别对待。

- 具备歧视作用的会员、积分、权益等成套的体系建设。这是相对完整和独立的一套运营体系。

对于第三类形态，我会在第四章里专门讲解。而前两类形态，确实会有各自存在的理由与空间。

微信运动的案例就属于第一类形态。第一类形态应用非常广泛，我们在各种产品里都可以看到这样的激励。譬如，“蚂蚁森林”会晒出用户的环保证书，“得到”允许用户分享自己的结课毕业证。

论坛里的各种勋章就属于第二类形态，虽然它们看似无用——因为它们确实没有实际价值，既不能变成钞票或者礼品，也不能让拥有者涨工资——但是当一些账号和其极其稀有的勋章一起出现在帖子里时（譬如，“最早的500个用户”“论坛发展历史上的第一届活动的参与者”等），这些勋章就会受到论坛里的其他人的推崇。

这些都是正向激励。此外，还有反向激励的玩儿法。采取反向激励措施的大多数App存在于用户已经付出了沉没成本的领域。我们以腾讯的QQ会员为例。

QQ会员的等级制由来已久，它最初有一个非常简单的计算公式：$D=(D1+D2)\times L+A$。其中，D代表QQ活跃天数，D1代表QQ累计在线天数，D2代表QQ累计活跃天数，L代表系数（开通会员等付费业务带来的加成系数），而A就是用户使用其他腾讯业务获得的加速天数。

但后来，QQ 会员的等级被一个“成长值”计算公式取代：成长值（S）= 初始值（S0）+ 每日成长值（T）+ 任务成长值（M）+ 开通成长值（Y）– 非会员成长值下降（X）。具体算法也变得复杂起来。

首先，T = 5 × T0 + 0 × T1 + 5 × T2 + 7 × T3 + 10 × T4。这个公式可以区分在不同的支付渠道与支付方式下，会员累计开通的会员天数，并赋予不同的系数。T0 代表累计开通会员天数，T1~T4 代表开通会员的不同支付方式相对应的累计天数。其中，T1 是运营商支付累计天数（所谓“运营商支付”，就是通过移动、联通、电信等运营商代为扣费的支付方式）；T2 是 Q 币支付累计天数；T3 是网银、财付通支付累计天数；T4 是年费区间的累计天数。这些方式是不能叠加在一起的。

其次，M = 20 × M1 + 50 × M2 + 100 × M3。M 代表完成任务获取的成长值，M1、M2、M3 为月数统计。会员每完成一次任务会获赠成长值。通过不同任务获得的这些成长值是可以同时累计的。

再次，X = 5 × X1，X 代表的是停止会员服务后减少的成长值，X1 就是停止会员服务的天数，也就是当你不再为 QQ 会员付费时，QQ 就会每天扣你 5 点成长值。

最后，还有一个 Y，它代表一次性赠送的成长值，首次付费、每次续费都可以计入，我们暂且只看年费的续费。Y= 续缴年费赠送，按照单次续费的时长计算，每年赠送 200 点，1 000 点封顶。

这个公式可能就很烧脑了，让我们模拟一个用户，做计算练手（见表 2–6）。

表 2–6　模拟用户的成长值

用户姓名	李大嘴
初始值 S0	0
成为会员时间	2007 年 1 月 1 日
累计开通会员天数	4 018
停止会员服务的天数	334
年费区间的累计天数	1 461
开始缴纳年费日期	2014 年 1 月 1 日
终止缴纳年费日期	2018 年 1 月 1 日

那么根据公式，李大嘴的成长值 $S = 0+（5 \times 4\,018 + 10 \times 1\,461）+（4 \times 200）-5 \times 334 = 33\,830$。对应的等级分布见图 2–18。

可以看出，现在李大嘴的等级已经降到了 VIP7，且他处于未付费的状态，距离等级降至 VIP6 只剩下 33 830–32 400=1 430 点成长值。也就是说，只要李大嘴继续不付费并保持 286 天，他的等级就恢复到 VIP6 了。

但是，如果李大嘴重新付费，那么他就又可以保持自己的成长值，继续上升等级，直到达到 VIP8 的封顶值。

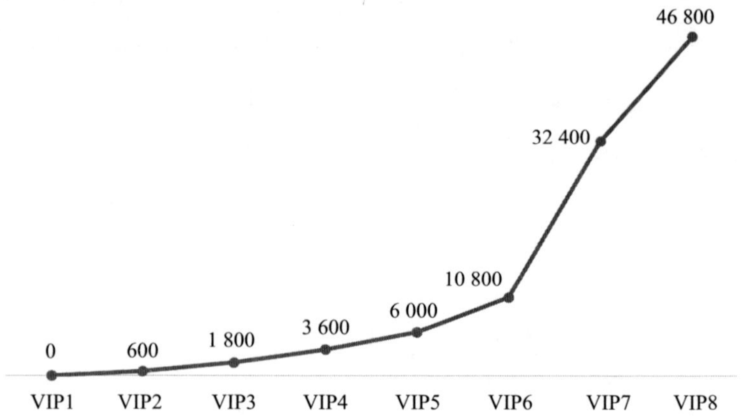

图 2-18 VIP 等级分布图

类似的逻辑在游戏中也存在，譬如腾讯的手游《王者荣耀》就有这样的设计：已经付费并且达到一定级别的用户，必须保证每个月都有游戏内的消费，否则就会被降低贵族等级。我们通常可以总结出下面这样一个闭环逻辑（见图 2-19）。

关于用户体系，我们必须要明确两件事。

- 用户实施的行为可以获得反馈，无论是正面反馈还是负面反馈。
- 反馈是可以累加的，无论是何种形式，最终都会被用户兑现。

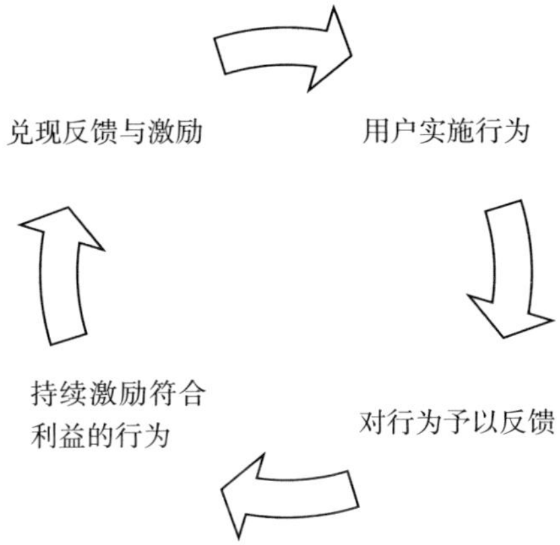

图 2-19　闭环逻辑

我们以阿里巴巴推出的 88VIP 为例。

88VIP 的规则是，当你满足一定的要求（淘气值 ≥1 000）时，你就可以以 88 元的优惠价格去购买原价 888 元的一张会员卡。

拥有这种会员卡，你就拥有了多种权益，包括饿了么的年费会员权益、优酷和土豆的 VIP 权益、虾米音乐的 VIP 权益等。

这张会员卡一经推出，就立刻获得了很多用户的支持与喜爱，尤其是那些常年停留在阿里巴巴生态圈内的用户。

在这个案例中，你会发现 88VIP 实际上是一种最终被用户兑现的反馈，而用户在淘宝上实施的增加淘气值的行为，以及随之附带的额外价值，成了让 88VIP 爆红的理由。

所以，好的用户体系本身就会带来用户沉淀和用户传播。

那么，如何去构建一个用户体系？这大概需要三个步骤。

- 针对已有的用户群体，进行数据清洗与分类，划分不同价值的用户群。
- 为不同的群体设计成长方法，赋予他们不同的目标及成长动机。
- 将成长动机物质化，在不同的阶段保持反馈的连贯性。

这三个步骤看起来复杂，但实际并没有那么复杂。我想给你讲一个故事。这是关于一个运营人在接到 KPI 之后，如何去拆解并找到关键工作项的故事，但它也一样适用于用户体系构建的三个步骤。

> 小刘在教育培训行业工作，他的工作内容就是想方设法让用户留下资料，也就是留下联系方式。然后，电话销售根据这些联系方式继续跟进工作。
>
> 小刘接到了下半年的业绩指标，指标要求下半年的留资用户数实现 3 倍的增长。小刘很头疼，于是，他开始拆解工作。
>
> 留资用户从哪里来？应该是到达留资页面的用户数乘以转化率。

那么到达留资页面的用户从哪里来？那就是所有投放覆盖的用户数乘以转化率。

于是小刘就理清了先后顺序和依赖关系，发现自己能提升的部分只有两个转化率。到这一步，小刘就需要列计划了。这个计划必须包含的内容是，要用什么方式在多久的周期内找到一个能够提升转化率的方法。

但请注意，也许这是一个陷阱，因为小刘会发现，那两个转化率在一定周期内是恒定的，那么此时，他应该撬动的就不是转化率，而是投放能够覆盖的用户数。

与构建用户体系相比，构建成长体系更容易实现。只要用户持续做出产品鼓励的行为，就可以保持其成长的速度。因此，如果你要构建用户体系，那么选择构建成长体系是一个不错的途径。

第三章

兴奋剂与助推器：活动运营

制造一个节日的基本逻辑

从 1952 年开始，美国一些州的商场选择在感恩节（11 月的第四个星期四）的第二天展开一系列的促销活动，起初它并未获得太多关注，人们只是称它为“感恩节后的第二天”。但 1961 年后，一个有趣的名字出现了——“黑色星期五”，对于为什么会是“黑色”，有很多种说法。有人猜测是因为商人记账用红色代表亏损，用黑色代表盈利。而我认为比较靠谱的说法来自 1961 年费城的一篇关于公共关系的新闻报道。那篇文章的主旨是，由于感恩节后的两天是当地最大的购物日，除了商品销量一路高涨外，公共交通也会面临挑战，交通警察甚至需要连轴转地工作，来疏导因感恩节后的圣诞大采购和开车度假而带来的交通问题，因此文中将其称为“黑色星期五”。

当其他州的商人们发现这样一种能在短期内有效提升销售额的做法后，纷纷效仿和跟进，于是每年感恩节后的第二天就成了美国人进行圣诞大采购的节日，并一直延续至今。

在《从零开始做运营》中，我曾以阿里巴巴的“天猫双 11”为案例分析活动运营。

2009 年，时称“淘宝商城”的天猫在 11 月 11 日这一天举办了促销活动，举办这个活动的最初想法仅仅是希望能够制造一个属于淘宝商城的节日，让用户记住淘宝商城以及淘宝商城会在这一天做活动。

在当时的背景下，在“双 11”这个节点做活动并不是一个好选择。因为 11 月通常是传统零售业的淡季（介于国庆节和圣诞节之间，正是青黄不接的时候），但是这也确实是人们购置冬装的时间。

淘宝商城仅仅是想尝试一下，网上促销活动能否成为吸引消费者的窗口，从而加深消费者对淘宝商城的印象。结果活动一经推出就异常火爆，最后一发不可收拾。“双 11”一举成为消费者心目中的一个品牌代名词。“双 11”还与便宜搭上了关系，由于消费者在线上消费时倾向于追求价廉物美，因此“双 11”也成了电商折扣的代名词。

淘宝商城“双 11”活动引发了其他电商的一系列活动，京东、易迅、当当、国美纷纷加入战团。我们可以看一组数据。

2009 年，淘宝商城“双 11”的全天交易额为 0.5 亿元；2010 年，淘宝商城“双 11”的全天交易额提高到 9.36 亿元；2011 年，天猫“双 11”的全天交易额已跃升到 33.6 亿元；2012 年，天猫“双 11”的全天交易额实现飞速增长，达到 191 亿元；2013 年，天猫“双 11”的全天交易额达到 350.19 亿元；2014 年，天猫“双 11”的全天交易额为 571 亿元；2015 年，天猫“双 11”的全天交易额为 912 亿元。

据统计，仅 2012 年，就有超过百万的从业者参与其中，覆盖淘宝卖家、快递物流行业以及第三方支付、服务行业等多个行业。

结合 2015 年之后的销售情况，我们继续分析（见图 3–1）。

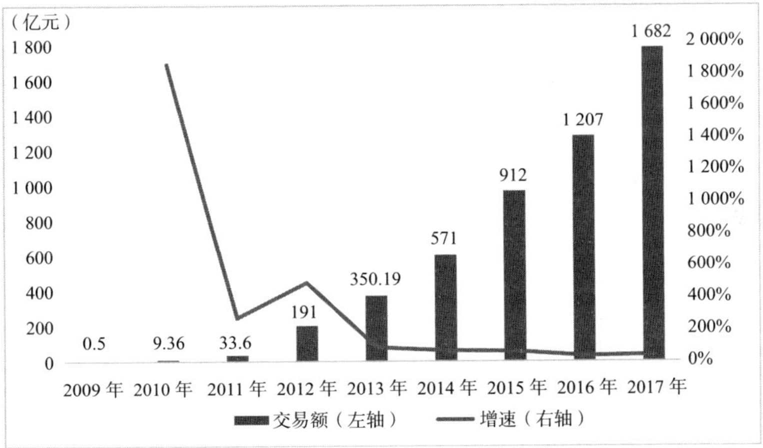

图 3–1　2009—2017 年天猫“双 11”的全天交易额

可见，2015 年天猫“双 11”的全天交易额较 2014 年有 60% 的增长；2016 年，天猫“双 11”的全天交易额为 1 207 亿元，年 – 年增速 36%；2017 年，天猫“双 11”的全天交易额为 1 682 亿元。

即使到 2017 年，天猫“双 11”依然能够实现全天交易额年 39% 的增量。

更有趣的是，为了与“双 11”一争高下，各大电商除了跟随“双 11”活动之外，也开始积极制造属于自己的节日。

再让我们看一个案例：支付宝的春节集五福活动。

从 2016 年春节开始，支付宝上线了一个活动——“集五福”。它的玩儿法非常简单：春节期间，用户可以通过各种方式在支付宝 App 里集福，集齐五张福之后就可获得奖品。

2016 年春节集福活动叫作“集齐五福，平分 2.15 亿现金”（见图 3–2）。这是一个非常诱人的奖励，想想看，2.15 亿现金是一个多么大的红包！而当年为了放大这个活动的运营目标——搬运支付宝用户的好友关系链进入支付宝，活动特别设计了可以向别人求福、也可以向他人送福的玩儿法。这个玩儿法的有趣之处在于，如果支付宝用户想集齐五福，就必须要搬运自己的好友关系链，靠自己单打独斗，根本无法获得足够的机会集齐五福，可见活动的所有设计都是围绕用户关系的迁移。

结果，79 万人平分了 2.15 亿现金，人均奖金为 271.66 元。但用户不太满意，因为敬业福过于稀少，支付宝也因此受到了批评。

图 3–2　2016 年支付宝集五福活动截图

于是很多业内人士就纷纷发表意见，认为支付宝的这个活动做得很失败。随后，支付宝公布的数据显示：2016 年春节期间，支付宝一共收获了 11 亿对好友关系链。

单看数据，这个活动并不能说是彻底失败。

时间来到 2017 年春节，支付宝集五福的产品经理向大家道歉，称 2016 年春节没有让大家集齐五福，所以今年痛定思痛，给大家真心赔个不是，并喊了“2017 年春节绝不让大家‘五福不全’”的口号。

于是 2017 年春节，支付宝集五福活动再次重装上线，这一次的玩儿法又发生了变化，在头一年加好友的基础上，又扩展出了 AR（增强现实）红包，用户在真实场景下找到“福”字，通过智能手机的摄像头进行扫描，就可以获得随机的“福”字。此外，用户通过参与蚂蚁森林，也可以获得“福”字。可以说这一年的支付宝集五福活动，在保留了赠送好友红包的活动的同时，还强化了红包有正反两面的真实体验，将红包的正反两面都变成了广告位，引导用户去使用自己的业务，并且为参与活动的品牌进行宣传。

同时，产品经理也没有违背承诺，2017 年春节，一共有 1.68 亿用户集齐了五福，但随之而来的另一个问题是，奖金池也只有 2 亿，于是很多用户连 1 元都没有分到。

很多人都认为 2018 年春节，支付宝不会再做集福活动了，但让人大跌眼镜的事情发生了。

支付宝宣布，2018 年继续集五福、发红包，考虑到前一年的奖金池设计得太小了,2018 年春节的活动资金将从 2 亿增加到 5 亿。在玩儿法上，AR 红包也得到了升级，之前都是扫“福”字，而 2018 年春节还可以扫“人”，只要被扫的人摆出“5”的造型即可。

结果，支付宝在 2018 年春节取得了 2.51 亿人抢 5 亿红包的成绩。

我上面提到的都是支付宝的春节红包活动，但还有另外一件更有趣的事情，让我们看下面这张表（见表 3–1）。

表 3–1　2015—2018 年红包活动参与者变化

	参与者								
2015 年	微信	支付宝	微博	脉脉					
2016 年	微信	支付宝	QQ	百度	微博				
2017 年	微信	支付宝	QQ	淘宝	微博				
2018 年	微信	支付宝	QQ	淘宝	今日头条	京东	苏宁	微博	银联

是不是很有趣？和“双 11”一样，红包活动开始成为大多数互联网公司的活动标配。

不知你是否有一种感觉：不管是“黑色星期五”，还是天猫“双 11”，又或者是集五福的红包活动，它们其实都在做同一件事，那就是制造节日。

罗振宇在 2018 年年初的跨年演讲的最后，提出了一个“人生算法”的概念，他认为每个人想要获得成就，都需要一套“人生算法”。人生算法，就是你面对世界不断重复的最基本的套路，找到它，重复它，强化它。

当时我在演讲现场，被这段话给击中了，因为这段话不仅仅道出了人生成就的积累逻辑，同时也揭示了互联网活动运营的一个关键打法——制造节日。

制造节日的逻辑非常简单，就是面对你的用户，不断重复一个最基本的活动规则，并且强化这个活动配备的日期效应，不断重复、不断强化。

“黑色星期五”之所以取代了“感恩节后的第二天”，就是因为它用近十年的时间重复地让消费者感知“感恩节后的第二天是一个星期五”，并让消费者体验与认知“这个星期五，商场会给客户全年最大的折扣”。

“双 11”之所以变成了“网购节”，就是因为天猫和跟随它的其他电商平台一起用了近十年的时间，不断重复地让消费者感知“在 11 月 11 日这一天，所有的电商都会打折”，并强化认知“这一天有好多莫名其妙的玩儿法，但在这一天买东西不吃亏”。

如果集五福活动想变成春节的标准配置，就需要继续重复地让消费者感知“每一年春节，支付宝都会给我送红包”，再强化消费者的认知“红包获得方法很容易，集齐五张福就可以做到”。

这就是制造节日的最基本逻辑。

节日制造的助推器：注意力营销

上一节我们讨论了制造节日的基本逻辑，在这一节我要继续告诉你，基本逻辑是用来规划活动本身的，但一个活动能否被制造成一个节日，除了这一套“重复+强化”的基本逻辑之外，还需要其他因素加持，而最重要的因素就是注意力营销。

那么，什么是注意力营销？

很简单，抓住目标用户的注意力，让他们在有限的时间内，在多个渠道都接触到相关的信息，不断强化其潜意识对活动的感知，并利用渠道去覆盖活动前、中、后的不同时段，以不同的刺激去强化用户的感知。

在这件事上，做得最让人感到眼花缭乱的活动就是天猫“双11”网购狂欢节了。

2009年和2010年，搜索引擎基本没有记录媒体对“双11”的宣传。

2011年，网上首次出现了展示交易额的宣传，并且在“双11”前出现了一些新闻报道，如物流准备情况、优惠券和红包的领取情况等。

2012年，网上提前两个月就出现了有关“双11”的新闻，且有人开始质疑“双11”的商品价格是否最便宜。

2013年，天猫率先公布双11新规则：50天内最低价（9月30日—11月10日）。网上也出现了各种针对商家的“营销支招”，甚至有人提议要把“双11”改为一个法定节假日。但最有趣的并不是这些，而是有一个电商导购网站突然出现，它叫作“什么值得买”。当然，属于它的真正的春天可能还要再等两年。

2014 年，有趣的事情继续发生，有网友开始整理多家电商“双 11”的优惠信息和特色活动，并发布在社区与论坛中。而“双 11”也在行动，形成了前三个月推销商家，前两个月做预热和品牌推荐、玩儿法简介的标准配置。

2015 年，天猫“双 11”晚会走到了台前，天猫“双 11”从互联网走进了电视。央视索福瑞提供的数据显示，2015 年天猫“双 11”晚会收视率全国网 1.2/6.29%，城市网 1.72/6.95%，双网同时斩获收视第一，在网络人气榜上也处于领先位置。酷云大数据则显示，天猫“双 11”晚会的市场占有率最高已达 37%。

2016 年，活动继续创新。2016 年 10 月 23 日，天猫“双 11”全球潮流盛典在上海东方体育中心举办。

2017 年，新零售来了，这下连红包规则、优惠券怎么用，都成了造势的舆论之一。

至于 2018 年，从 6 月开始，就有文章宣称，2018 年天猫“双 11”的交易额目标是 2 500 亿，大促要延长 20 天。这个悬念就这样被提前种下了。而到了 2018 年 11 月 11 日 24 点整，当交易额定格在 2 135 亿的时候，这个悬念才落地，接下来的则是全网对这一天交易额为何又能冲新高的各种讨论。

如果我上面所说未能让你感同身受，那么我们一起来看两张图（见图 3–3、图 3–4）。

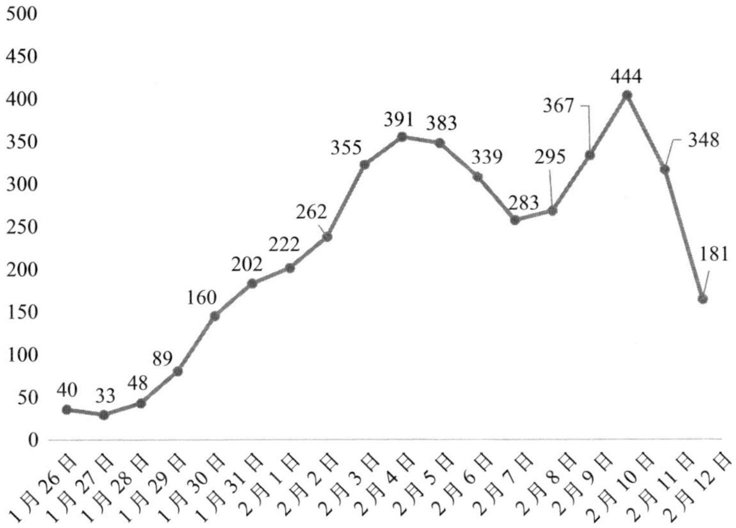

图 3–3　2016 年春节支付宝集五福活动舆情走势图

这两张图由政安舆情提供，展示了 2016 年和 2017 年支付宝集五福活动前后的舆情变化。

我相信你一定想问我，这两张图能说明什么呢？

我们先看表面信息。

1. 2017 年的舆情值比 2016 年高出数倍。这说明用户关注度、讨论热度都有明显提升。

2. 2016 年活动结束后的舆情值要远高于活动期间的舆情值，原因是 2016 年春节的活动饱受诟病，大量用户缺一张敬业福，而这些不满在活动结束后被集中引爆。

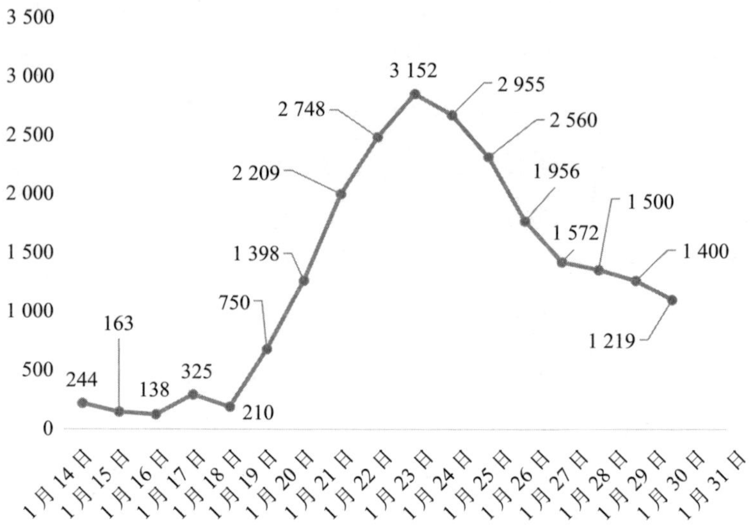

图 3-4　2017 年春节支付宝集五福活动舆情走势图

3. 2017 年的舆情峰值集中在活动期间，说明用户参与活动的热情相当高，用户在活动期间的讨论也积极热烈。活动结束也依然保留了长尾的影响。

深度信息呢？让我们复盘一下 2017 年春节支付宝的集五福活动是怎么一步步引爆舆论的。

2016 年 12 月 21 日，支付宝在北京举办了一场媒体沟通会，公布了“AR 扫福字”这个功能。支付宝在 2017 年 1 月 12 日表示，春节期间要力推线下 AR 扫福字的玩儿法，所以，人们确定支付宝会在 2017 年春节推出红包活动，只是不确定是否会有集五福活动。

2017 年 1 月 13 日，支付宝在北京又举办了一场新春红包媒体沟通会。项目负责人冠华表示，春节还会有五福红包，并且从 2017 年 1 月 18 日开始，用户就可以通过 AR 扫福字和参与蚂蚁森林两种方式获得福卡，集齐福卡的用户可以在除夕夜的 22 点 18 分获得随机分配的现金红包，红包金额最高为 666 元。此时，媒体热情并不高涨，因此没有及时跟进报道与造势，活动开始前的舆情一直处于较低的位置。

1 月 18 日，集五福活动正式开始，同时，支付宝的官方微博表示，支付宝会把去年欠大家的敬业福还给大家，用户可以通过三种方式收集福卡，除了上文提到的 AR 扫福字、参与蚂蚁森林的方式，朋友之间也可以互相转赠多余的福卡。在此之后，媒体和网民的情绪开始被调动，话题围绕五福的搜集途径和方法、集齐五福的人数和最后可以获得红包的金额等方面展开，其中既有夸赞的声音，也有批评的声音，意见领袖开始在各种渠道带节奏。

1 月 25 日之后，各方声音开始逐步降温，围绕的话题仅限于“这次红包的金额会是多少”。

舆情代表什么？

舆情代表的是民意集合的反应，讨论舆情有三层价值：第一层价值是人们对一个事件关注的程度；第二层价值是人们的关注背后的态度与观点；第三层价值是这些态度与观点是正面的还是负面的，怎样引导它们去发挥更大的作用。

关于第二层价值和第三层价值，其实不在小运营的讨论范围里，但是第一层价值是我们需要去理解的。

类似可以观察舆情的途径还有各种指数，如百度指数、微信指数等。

再说回集五福，从政安舆情的数据上看，2017 年的声浪要远超过 2016 年，但这是孤证，站不住脚。我们看一下百度指数中集五福的变化，首先是这个关键词搜索的总体热度变化（见图 3–5）。

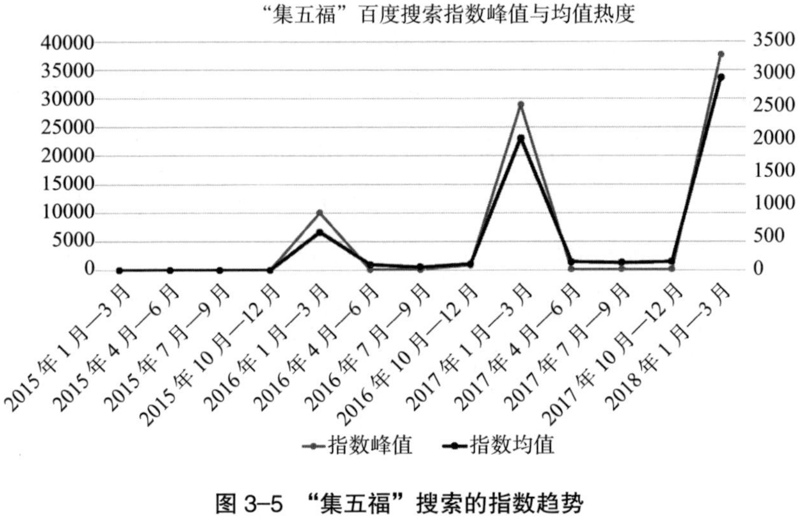

图 3–5 “集五福”搜索的指数趋势

你会看到 2016 年春节与 2018 年春节之间共有三次波动，每一年的总体搜索热度都超过前一年，这种趋势变化意味着每一年用户对这个活动的认知都在被强化，同时有越来越多的人参与活动。

那么，我们再看细分的 PC 端（电脑端）趋势和移动端趋势，首先看 PC 端趋势（见图 3–6）。

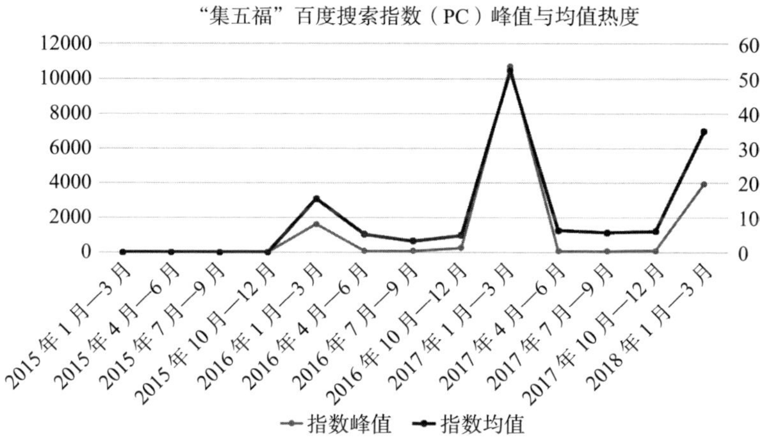

图 3–6 “集五福”搜索的 PC 端趋势

这个图和上面不一样，为什么 2017 年 PC 端的热度这么高，但 2018 年 PC 端的热度就减退了呢？

答案很简单，暂且卖个关子，再看移动端趋势（见图 3–7）。

不知你有没有找到答案？

1. PC 端趋势和移动端趋势的值的范围是不一样的，原因当然是支付宝的集五福活动是在移动端的 App 上推广的，移动端和 PC 端是有环境隔离的，所以移动端的趋势更加接近实际的用户参与热度。

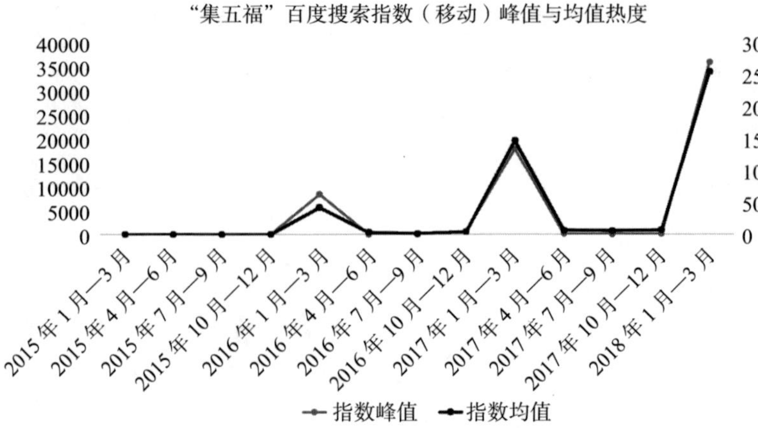

图 3–7 “集五福”搜索的移动端趋势

2. 从总体趋势图的下方可以看出，媒体对 2017 年春节集五福活动的积极性比 2018 年要大，这种积极性使用户在 PC 端上更多地看到了活动信息，进而引发了搜索的欲望，并体现在了 PC 端的搜索热度上。

3. 2017 年春节的集五福活动有一个 AR 扫福字的玩儿法，这个玩儿法之前是没有的，这对用户来说有学习成本，而一边开着手机，一边通过搜索引擎寻找攻略是一个非常常见的现象，甚至有人会直接对着电脑扫福字来获得福卡。

于是，我又去查询另一个关键词的百度指数，看看是否能发现更有趣的现象，这个关键词是“福字”（见图 3–8）。

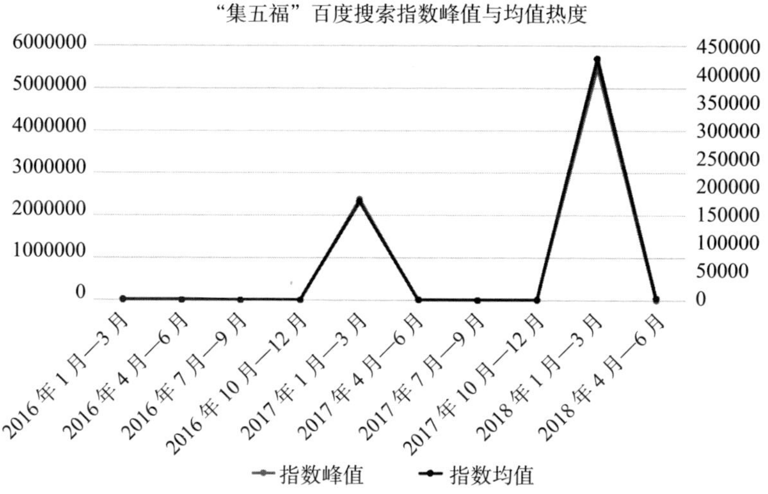

图 3–8 “福字”搜索的指数趋势

通过观察关键词“福字”在百度搜索上的热度变迁，你会发现 2016 年春节就像什么都没有发生。但从 2017 年春节开始就不一样了，春节期间的“福字”的搜索次数突然上升了。到 2018 年春节，搜索次数继续攀升。下面还有一个不那么明显的曲线，一样是媒体指数的曲线，你会发现这个指数的趋势和上面集五福的趋势基本是一致的。那么 PC 端和移动端是否会出现类似的情况呢？

我们看到了一个很有趣的现象，2018 年春节期间的“福字”的搜索趋势和 2017 年春节期间的趋势非常接近（见图 3–9），这印证了我之前的猜测。

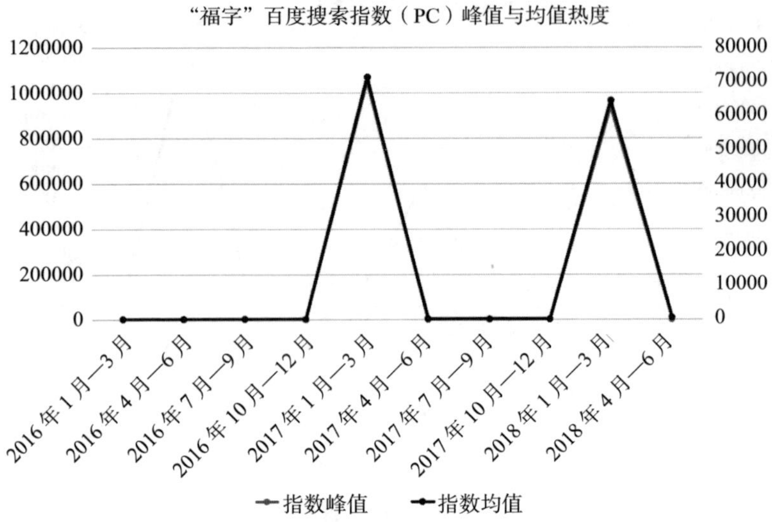

图 3–9 “福字”搜索的 PC 端趋势

当用户知道“AR 扫福字”可以获得福卡时，对他们来说最快捷的实施方案就是打开电脑，搜索福字，然后用手机扫描，完成领取福卡的任务。2018 年春节，支付宝并没有增加更复杂的玩儿法，只是增加了通过扫用户的五福手势获得福卡的方式。如果你搜索类似动作的关键词的百度指数，如“五福到手势”“马云五福”，并看看它们的趋势，那么你也会得到答案。

图 3–10 是“福字”在移动端上的搜索趋势，这个趋势基本与我们之前讨论的结果一致，它更多地代表了用户在哪个端集中参与活动。

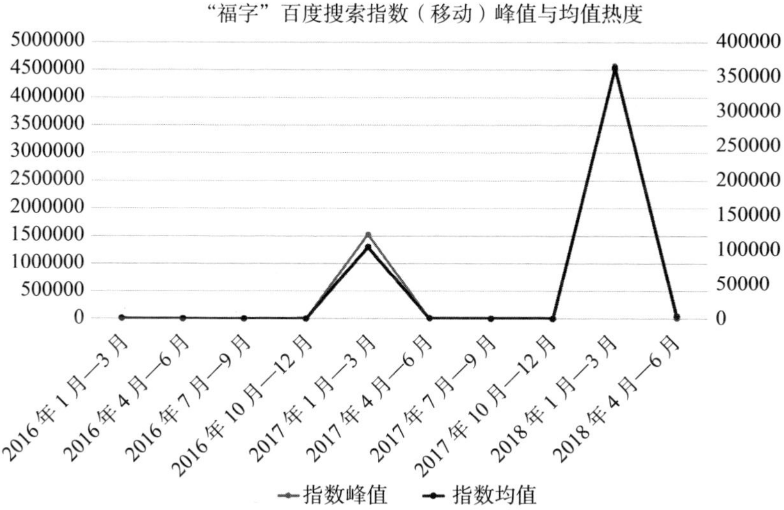

图 3–10 “福字”搜索的移动端趋势

写到这里，你可能要问我，这一节不是要讨论注意力营销吗？为什么会讲到舆情？为什么还要去对比百度指数？这和注意力营销有什么关系？

当然有关系。

虽然注意力营销是一种营销方式，但你是否知道如何去引起别人的注意？如何验证你是否获得了别人的注意？

舆情监控属于大运营的范畴，在实施上，其工作更多地被归于市场部，但运营人需要理解以下两点。

- 在大型活动，尤其是制造节日这件事儿上，舆情是一个非常硬的指标，辅助表达用户可能参与的热情和实际参与之后的情绪。
- 注意力的唤醒有两个要素：触达目标用户和调动目标用户。

舆论是因确保这两点而产生的，对运营来说，这两点是接下来我要说的重点，这也过渡到了大运营的层面。

在讨论这个问题之前，大家先思考一个问题。

对于一款产品来说，假设它的最终目标是提升销售额，那么怎么去了解销售额是多少，并持续地提升销售额呢？

在第二章中，我们列出了一个公式：

销售额 = 订单数 × 客单价 = 用户数 × 转化率 × 人均订单数 × 客单价

我们仔细拆解一下这个公式。假设你今天只卖一件商品，那么你的销售额的公式就是如上面这样一个非常简单的公式，但如果你不是只卖一件商品，你的公式就变复杂了。

商品 A 的销售额 = 需求商品 A 的用户数（a）× 转化率 × 人均订单数 × 商品 A 的客单价

商品 B 的销售额 = 需求商品 B 的用户数（b）× 转化率 × 人均订单数 × 商品 B 的客单价

商品 C 的销售额 = 需求商品 C 的用户数（c）× 转化率 × 人均订单数 × 商品 C 的客单价

…………

以此类推，但是 a、b、c 又从何而来？

需求商品 A 的用户数（a）= 全站访问用户数（T）× 需求商品 A 的用户占比

需求商品 B 的用户数（b）= 全站访问用户数（T）× 需求商品 B 的用户占比

需求商品 C 的用户数（c）= 全站访问用户数（T）× 需求商品 C 的用户占比

…………

这里就出现几个问题。

- 如何了解用户的需求，从而给他们展示最合适的商品？
- 如何提升用户的转化率，从而提升销售额？
- 如果转化率无法被提升，那么如何获得更多的全站访问用户，从而提升销售额？

前两个问题，和我们在这一节讨论的问题无关，所以我们先解决最后一个问题。因为最后一个问题和我们要讨论的注意力营销有很大关系。

我们每天都会看到大量的广告，广告本身的目标就是要帮助广告主获得流量，这些流量既包含目标用户，也包含非目标用户。

对目标用户来说，转化需要的是决策；而对现阶段的非目标用户来说，转化需要的是时机。

同时，每一家公司的获客成本都是有限的，所以获客通常有两种做法：一种是广撒网，覆盖用户的各个触点，期望在大流量下通过多层转化漏斗最终筛选出属于自己的目标用户，这是大流量大漏斗的玩儿法；另一种是定向爆破，譬如，我知道我的目标用户集中在某个地方，那么我就在这里立广告牌、发传单、摆摊儿，吸引这些目标用户的注意，这是精准流量小漏斗的玩儿法。

所以，我们说的第一个问题"如何触达目标用户"，就有了解决方案：要么利用和引爆舆论，让所有人都知道你要做一件惊天动地的大事；要么就找到精准渠道，别人都不知道这件事的时候，你已经让那些你最希望知道你要做一件大事的人知道这件事了。

所以，在触达目标用户这件事上，首先要解决渠道选择的问题。

当然，今天的渠道选择并不多，但微信、微博这两个大流量聚集的地方是你可以选择的渠道。

此外，虽然微信和微博的原理一致，但选择原因却截然不同。其传播的原理都是找到大的传播节点，通过这个传播节点持续不断地制造声浪，让这些声浪去影响大节点上的用户。

譬如，一个互联网公司要招运营人，它既可以选择去招聘网站发布招聘广告，也可以选择利用猎头寻找合适人选，还可以选择找我、黄有璨、韩叙帮它在朋友圈转发一个招聘启事，甚至可以选择在公众号上发表一篇招聘文章。

因为这些就是它能够触达目标用户的点，招聘网站可能是大流量大漏斗，猎头和我们三个人的朋友圈与公众号就是精准流量小漏斗。对这家互联网公司来说，它需要评估的是哪个触达目标用户的渠道的成本更低、质量更高以及速度更快。

我们制造节日也是一样，也需要判断哪个渠道能够触达更多的目标用户，这样才能解决第一个问题。

第二个问题是如何调动目标用户。关于公众号推文，有一个非常简单粗暴的说法，叫作“标题决定打开，内容决定转化”。标题起得好，就会引起公众号订阅者的关注，让订阅者更愿意去点击标题，打开文章。但是，打开这篇文章之后，用户有没有看完，有没有帮你转发、为你点赞、留言互动，甚至有没有打赏你，这些是由文章的内容决定的。

什么样的标题和内容能够更好地实现这个目标呢？总结起来大概是四个词：引发争议、带来共鸣、耸人听闻、庸俗猎奇。

这四个词很容易理解，譬如，2018 年 9 月 12 日，苹果举办了一个发布会，介绍了它的新一代 iPhone（苹果手机），其中，最贵的 iPhone XsMax 的国行价格达到了 12 799 元。

全国媒体都在热议这件事，那我们来看就这件事而言应该如何套用这四个词。

1. 引发争议。你可以把一台差不多配置的安卓手机和这台售价高达 12 799 元的 iPhone XsMax 放在一起，鼓动消费者去买安卓手机，并且大肆宣扬 iPhone 如何戏弄消费者，以及苹果公司每年出一部新 iPhone，一年卖得比一年贵，等等。为了佐证你的观点，你还可以列举从 iPhone 3GS 开始，国行 iPhone 价格的变化，同时放上你砸 iPhone 的照片，并附说明“今天我彻底从‘果粉’变成‘果黑’”，再邀请大家和你一起砸 iPhone，粉转黑。

2. 带来共鸣。你可以说：“这年头，iPhone 涨价，房子涨价，什么都涨价，唯独工资不涨，工作辛苦到连肾都要被熬坏了，这样下去，买不买 iPhone 也不是重点了，而是最终很可能落得辛苦一辈子却老无所依的局面……”你还可以顺便呼吁大家一起讨论现在的生活状态。

3. 耸人听闻。这个角度其实是比较危险的，需要把握好尺度。你可以说：“iPhone 涨价意味着美国人迫切想要吸走中国人的血汗钱，我们应该支持国产手机，应该去买小米、华为、魅族……”

4. 庸俗猎奇。有一个广为流传的段子是这样的：“我以前以为，有肾就能买 iPhone，但现在发现，我的肾已经没了，接下来该考虑眼角膜了。”

为什么要做这样的模拟？这是因为你要调动你的目标用户，你希望用户把注意力放在你身上，而不要关注其他人和事，毕竟每个人的注意力有限，关注的人和事非此即彼。

这是关于制造节日的第二件事，叫作“注意力营销”。

接下来我们讨论第三件事。

把活动变成节日的重点：累积势能

要制造一个节日，首先你要理解并按照节日制造的逻辑去做活动策划，然后，你要想办法吸引用户的注意力，营销效果要能够覆盖活动前、活动中、活动后等不同的阶段。此外，注意力营销还需要你解决信息传播的问题，让更多人了解这个活动，并且参与其中。除此之外，你还需要制造让他人追随的能量，帮助你提升势能。这一节，我们就来讨论如何累积势能。从我的角度来看，势能的累积包括两个核心。

- 通过信息的传播带来更多的人群关注。
- 通过让他人（包括竞争对手）一起参与，强化日期的影响力。

我们先来谈信息传播。结合 2018 年的实际情况，当我们讨论互联网时，大家会更多地聚焦在移动互联网上，而移动互联网中的用户关系依然大量沉淀在微信中，所以，我们实际上是要讨论“如何在微信中完成内容的传播并带来更多关注”的一套方法。

在讨论这套方法前，我们首先要理解传播是什么以及什么样的内容会带来传播。

1947 年，心理学家库尔特·勒温提出了守门人理论。他认为，大众接收到的信息是被筛选过的。筛选后的信息可能是社会中约定俗成的一些规则，也有可能是信息上一层的接收人的判断。

如果说在 20 世纪中叶能够决定信息传播的仅仅是传播媒介的价值观的话，那么，在今天这个时代，能够决定信息是否应当被传播的就是传播媒介本身的价值观和信息传递中遇到的每个人。传播媒介的价值观决定了什么样的内容会在媒介中被鼓励传播，而不是被遏制；媒介里的信息传递所途经的每一个节点，都会决定是否要把自己接收到的信息继续传递给下一个人或下一群人。

显而易见的是，“守门人”如今依然存在，传播媒介的价值观就是最大的“守门人”。

微信多次发布针对各类不规范行为制定的规则，规则内容涉及诱导分享、诱导关注、“抢红包”、违规互推、多级分销模式、转发赚钱、刷分刷榜等，这些规则其实都在表达微信对公众号平台账号运营人的价值观的引导。

也就是说，公众号的运营人一旦做出了不符合微信价值观的运营动作，是会受到微信的相应惩罚的。

这是平台“守门人”，那么，具体的每一个“守门人”呢？

如果有两个人，一个人的微信好友有 5 000 人，另一个人的微信好友有 500 人，且他们传播了同样一条信息，那么，拥有 5 000 个好友的人的传播效率是否是另一个人的 10 倍呢？

这其实是做不到的。那位拥有 5 000 个好友的人不可能让所有看到他朋友圈内容的每个人都认可他所发布的内容，并且帮助他传播给其他人。因为传播的核心在于：每一次传播，都是“守门人”对自己所认可的观点的表达。

所以，在移动互联网最重要的社会化渠道中，微信扮演的角色其实是非常重要的。通过微信进行信息传播并不容易，因为微信中既存在官方这种级别的“守门人”，也存在直接接触到信息的所有人。由于官方和信息接收节点上的用户都会自觉或不自觉地对信息进行过滤，所以并不会出现好友数量越多、传播效率越高的情况。

那么，什么样的内容是可以被广泛传播，甚至可以帮助活动去制造节日氛围和节日体验的呢？

我们先解决内容的层次问题（见图 3–11）。

在这张图里，内容本身是最丰富的，但被“守门人”接纳的内容就已经是筛选后的产物了，而最后被大众传播的内容，对比内容本身，就已经是相当少的部分了。

那么，如何能让“守门人”接纳内容并快速带来传播呢?

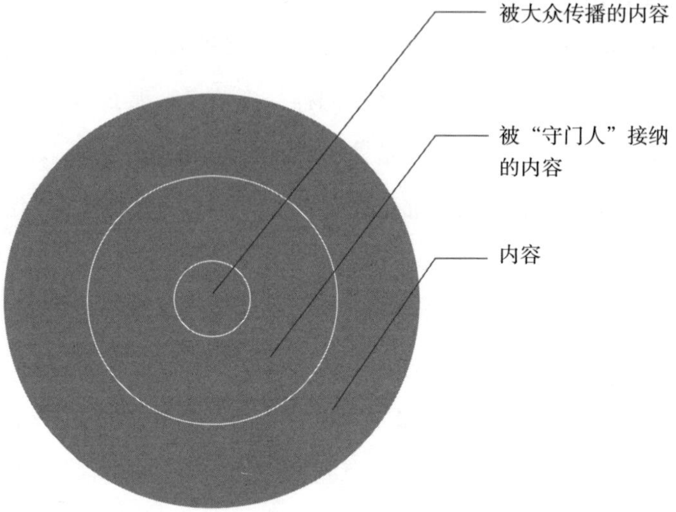

图 3–11　内容层次

1. 要让内容符合安全标准。

这是因为，如果内容本身存在很大的争议，那么传播的结果可能是带来更大的争议。因此，这样的内容很可能会直接被系统的“守门人”封杀，不会给予被传播的机会。

2. 要考虑内容的表达方式，合乎阅读对象的偏好。

我们在上一节的注意力营销中，提到了“标题决定打开，内容决定转化”，对于标题如何决定打开，如何去确定标题，我们在上一节中说过了。而内容如何决定转化，却是一个需要详细去讨论的话题。

2016 年年底，触乐网的创始人祝佳音开了个人订阅号，起名为“健康国学大讲堂”，然后他发表了一篇文章——《活不到一百岁是你的错！教你如何用路由器自然养生》。

祝佳音用 15 分钟写稿，1 个小时排版。在 2 个小时内，文章被传播了 2 万次，24 个小时内近 7 万次，一篇文章帮助他获得了 3 600 个粉丝。

他总结了如何针对目前的中老年人做养生内容的要点。

- 字体一定要大。
- 结论要醒目，加粗、加红、加大。
- 配图要符合中老年人审美，绿水青山等主题。
- 要有名人名言，如马克思、恩格斯、尼采和毛泽东说过的话，也无须在意名人名言和文章的关系。

同时，祝佳音还总结了一句真理：“你很认真地写文章，其实不如你完全顺着用户需求胡来。”

不知道大家在上面的例子中有没有找到重点，一篇顺着目标用户的习惯写就的文章，在短短 2 个小时内被传播了 2 万次，在 24 个小时内被传播了 7 万次。如果不是有人举报内容有问题，那么这篇文章可能会得到更广泛的传播——通常一篇公众号的文章对用户的影响能持续 3 天左右。

3. 给用户一个动机。

在第二章中，我提到了一个行为学公式——B=MAT，即用户的行为是由动机、能力和触发机制三方面因素决定的。

2016 年春节，支付宝的集五福活动的规则如下。

> 如果用户在活动期间新添加成功 10 个及以上的支付宝好友（新添加是指历史首次添加），就可通过活动页面领取 3 张“福”，领取的“福”的种类随机，可在活动页面“我的福气”中查看。如果用户未在活动期间领取“福”（含好友赠送的福），那么领取资格将自动失效……活动中获得的“福”可转赠、可与好友交换，集齐和谐、爱国、敬业、友善、富强五类“福”，即可在 2 月 8 日 00:18:00 平分 2 亿现金，同一账户仅能分到一个红包。

在活动刚开始时，这个规则被无数业内人士吐槽，其中也包括我。但随着活动的深入，我开始改变对这个活动的看法，触动我的是活动期间的一个细节。

某一天，我的发小申请加我支付宝好友。我问：“为什么要加支付宝好友，咱们不是有微信好友吗？”发小回答：“支付宝在做集福活动，你有没有福？我和你换。”末了，他又说：“我老婆还缺 3 个好友，要不我让我老婆加你支付宝好友，怎么样？”

我拒绝了，但我却因此发觉支付宝做的集五福活动并不是那么糟糕。果然，活动结束后的数据显示，在 2016 年春节的集五福活动的参与者中，超过 64% 的参与者是三四线城市的用户。结合前文提到的支付宝集五福活动共获取了 11 亿对好友关系链的公开数据，我们会发现，活动的传播逻辑非常简单，就是通过可以平分的红包，来激励参与的用户添加好友和分享福字。

无独有偶，苹果公司每年秋季的新品发布会之所以会被冠以“科技春晚”的名号，是因为每一次苹果公司的新品发布会之后，都会带来大量的传播。

4. 寻找传播中的共性。

所谓寻找共性，就是要让传播可以被复制，可以通过一次又一次的重复动作，让人们将活动信息传递给更多的人。

譬如，UC（浏览器）震惊体的标题设计针对的就是只看标题、不看内容的人群，所以它每天的标题都很让人震惊，越是匪夷所思、耸人听闻，就越容易被这部分用户分享出去。

譬如，鸡汤内容就是要做到让读者产生共鸣、递进情绪，让读者觉得这就是在展示自己的心路历程，要把自己感受到的正能量传播给更多的人。

再譬如，裂变活动永远会让用户觉得自己把海报分享出去是可以获益的，所以在这类产品的设计中，都会直接明确提醒用户完成一次拉新或者一次成功的分销可以获得多少收益。

当这些共性被找到并且固化下来，就会更有效地被应用于传播中。

5. 妥善利用不同媒介的特性。

每年支付宝在举办红包活动之前，都会和媒体沟通，这种沟通的本质是支付宝想提前去接触各方媒体渠道，确保从官方口径传递给媒体的内容是准确的、一致的。

当然，在这些媒体中，有些媒体对品牌方是一贯善意的，有些媒体可能并不那么友善，这就使这件事既重要，也不重要。

说重要的原因是，作为活动的设计者，必然不喜欢出现大量负面的宣传；说不重要的原因是，声音必须是多元化的，才能有力量和机会去刺破不同圈层，带来更大的传播。毕竟，人们的传播动机在很大程度上是由“内容是否能够代表自己的观点”所决定的。

讲完传播，接下来我们就要讨论如何让他人，甚至竞争对手一起来参与节日的制造，使各方的受众与拥趸都能接受这一天是个万众瞩目的“节日”。

问：“双 11”这个词是哪一年变热的？

答：2011 年。

从 2011 年开始，淘宝商城开始对外公开交易额，且其他电商也开始进入“双 11”这个赛道。淘宝商城公开交易额的目的，是让消费者和整个社会认识到同样在做“双 11”活动，淘宝商城在整个节日的赛道中始终能够保持领先，且从未被超越。

2012 年，淘宝商城改名“天猫”。2013 年，“什么值得买”的平台开始出现了网购攻略，这意味着各大电商通过“双 11”全面开战，并且已经热度非凡，消费者的注意力已经被集中了。

问：“双 11”何时变成了天猫的专属名词？

答：2014 年。

2014 年，天猫发布公告，称完成了对“双 11”的商标注册。这意味着此后除了天猫，不允许任何电商在 11 月 11 日这一天以“双 11”作为活动的名称。

所以，天猫非常聪明地让出了 3 年时间，联合各种电商平台一起造势，把“双 11”是网购狂欢节的概念植入所有消费者心中。在这些消费者中，有些是淘宝用户，有些是京东用户，有些是亚马逊用户，还有些是国美、苏宁以及其他电商平台的用户。但正是因为这些用户去热烈讨论“在哪个平台购物最划算”，才提升了“双 11”这个节日的势能。最后，天猫成功注册了商标，就把所有平台的“双 11”变成了天猫一家的“双 11”。

我再和你说一个故事，可能你就能深刻理解为什么天猫要煞费苦心用这样的方法来完成对“双 11”这个词的“收割”了。

实际上，11 月 11 日是一个很早就存在的节日，这个节日最初和网购一点儿关系都没有，它叫“光棍节”，这个称呼据说来源于大学校园。1993 年，南京大学的一个寝室里住着四个大四学生，每到晚上他们就开卧谈会，有一段时间，卧谈会的主题是“如何在大四尽快结束单身状态”。于是这四个人想出一个主意——可以在即将到来的 11 月 11 日，发起一个大规模的联谊活动，以此来认识异性，帮助大家一起摆脱单身。他们为什么选 11 月 11 日？首先，1 是个单数；其次，11 月 11 日是 4 个单数，读起来朗朗上口；最后，11 月 11 日是距离最近的具有“单”这个概念的日子。

然后，这个日子就成功融入了南京高校以及大学生们的校园文化中。

随着越来越多的大学生走向社会，“光棍节”也就被传播到了各地，在互联网上也获得了很多的关注。

既然之前已经存在一个“光棍节”，那么，电商要改变大家对这个“节日”的既有看法，就必须覆盖更多的用户群体，制造巨大的势能，并通过长期的宣传达到更换联想的效果。

当然，11 月本身对零售来说就是一个非常特别的月份。你会看到国内有“双 11”，国外有“黑色星期五”，它们都在 11 月。只是“双 11”比“黑色星期五”时间上要更早一些。

说到这里，可能你已经明白，从 2012 年开始的“双 12”的影响力远远没有达到“双 11”的影响力的原因。

当然，这里就产生了另外一个问题，如果没有其他竞争对手和你一起制造势能，那么你能怎么做?

让我们去研究一下京东的“618”，或许你会发现，这里面也有一些有趣的东西。

首先，618 的谐音很迎合中国人的喜好——带着“发”；然后，6 月的节点很微妙，它切合了京东的主打品类 3C 产品（计算机、通信设备、消费类电子产品）——在即将到来的暑假中，大量用户有升级 3C 产品的需求；最后，“618”的活动并不只是持续 1 天，而是持续半个月。

换句话说，如果没有人和你一起制造某一个时间节点的势能，你就要想办法拉长周期和节奏，并且找到一个最核心的点去持续打穿，最后通过时间的累积，你也能够累积足够的势能。

对于制造节日这件事，我就讨论到这里了。回顾一下，如果你希望把一个活动变成一个节日，首先要遵循一个基本逻辑：面对你的用户，不断重复一个最基本的活动规则，并且强化这个活动配备的日期效应，不断重复、不断强化。

然后，你要想办法完成注意力营销，甚至邀请你的竞争对手和你一起为这一天制造势能，并将其转化为自己活动的动能，再利用你的用户完成信息的塑造与传播。

只有这样，你才有可能真的完成一个节日的制造。最后请不要忘记重复、重复、再重复的累积工作，这也是为什么少有小公司会下决心去制造节日。

好活动应该产品化

活动除了能在短期内快速提升指标之外，好的活动还可以产品化。活动产品化可能是运营人产生成就感的另一个来源。

所谓"活动产品化"，是指经过验证、具有稳定效果的活动被产品吸收，成为产品的一个组成部分，甚至单独成为一款产品。

2015—2016 年，网易、京东等公司纷纷将抽奖活动提炼为夺宝类产品。在这个时期，以夺宝类产品作为创业方向的产品或者公司层出不穷。

当我们分析夺宝类产品的演进时，我们看到的是这样一个形态的变迁（见图 3–12）。

图 3–12 夺宝类产品的形态变迁

在 H5（网页标记语言第 5 版）单页抽奖时期，夺宝类产品大多以活动形态出现，譬如迅雷鼓励用户成为会员时的"1 元抽

iPhone”的活动（见图 3–13）。

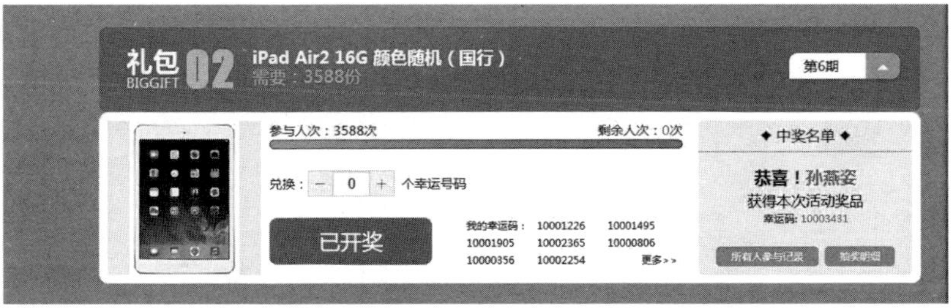

图 3–13　迅雷“1 元抽 iPhone”活动截图

迅雷的玩儿法非常简单：每充值 1 元获得对应的幸运码若干，幸运码在活动页面被兑换后，计入抽奖号码池；当号码池被填满后，根据 1 小时后最近一期的体彩“11 选 5”的开奖结果，搭配算法，得出最终的中奖号码。

我们无从得知这个活动对于提升迅雷会员资格销量的效果，但我们知道，这个活动很快就变成了一个固定产品，叫作“迅雷 1 元夺宝”（见图 3–14），此时就进入了 PC 端和 H5 站的阶段。

当然还有其他的玩儿法，譬如，京东当时将夺宝入口附着在商品的详情页，作为用户购买商品或参与抽奖的一个选项。并且随着时间推移，京东把它从抽奖玩儿法中独立出来，使其成为单独的京东“一元夺宝”产品。

而后来规模最大的网易“一元夺宝”，则是将夺宝作为一个承接内外部推广的落地产品。

图 3–14　迅雷“一元夺宝”页面截图

由于这种玩儿法具有博彩性质，所以很快就被国家监管，这一波“一元夺宝”活动产品化的浪潮迅速偃旗息鼓。

另一个活动产品化做到极致的案例是拼多多，它是将低价团购活动产品化到极致的产物。

拼多多的发展历程我们就不说了，但是当拼多多快速起量之后，不管是淘宝，还是京东，都开发了属于自己的拼购功能。而事实上，拼购就是团购的一种形态。如果“千团大战”不是发生在 2011 年，而是发生在 2015 年，那么，商家获取用户的好友关系链的竞争可能会更加激烈。

团购本身是线下的一种商家促销手段，它是大量消费者组成足够庞大的议价群体，要求销售商给出较大折扣的一种玩儿法。

这种玩儿法被移植到线上后，快速形成了从活动到产品的变化，带来了巨大的经济效益和惨烈的市场竞争。

当然，这些都是将活动产品化到极致的产物，对于我们日常的运营工作来说，可能并不会涉及。那么接下来我们来讨论日常运营工作中会涉及的部分。

运营人平常接触到的最广泛的活动产品化，更加直观地体现在游戏和积分领域。游戏领域中随处可见的抽奖、抽卡、签到，积分领域中随处可见的用户行为奖励积分、积分兑换礼品等，都是具体表现。

能够被产品化的活动，通常具备以下特征。

- 它被证明在某些指标上具备强有力的持续拉动作用。
- 它的单位成本可以被量化，可以被有效地控制。调节它的单位成本可以在不变更规则的情况下直接看到效果。
- 它会促进用户研究其行为本身的收益，并且通过用户的主动研究，将引导行为的成本降到最低。

让我以两个案例来做进一步的说明。

在前面的章节中，我分析了 Uber 和 Airbnb 的例子，事实上，类似的例子在各种产品中都层出不穷。

先来看一个印象笔记的例子：你成功推荐的前 3 个注册好友，

每个人都能带给你 10 个印象分，用 30 个印象分就可以兑换 1 个月的高级账户；推荐的任何好友首次购买高级账户，可以让你再获得 5 个印象分（见图 3–15）。印象分是印象笔记的一个虚拟货币，我们可以把它看作积分。

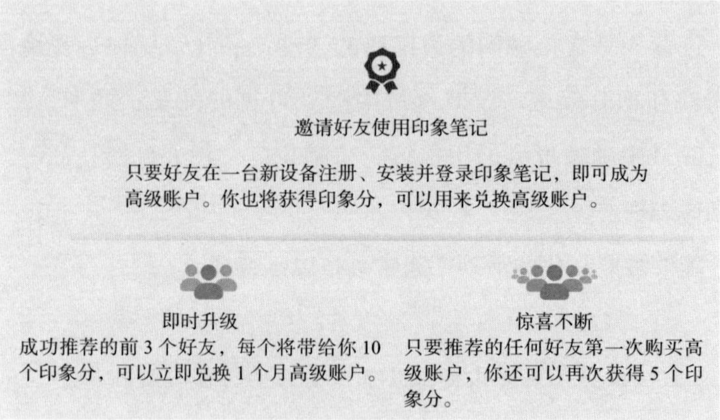

图 3–15　印象笔记的用户推荐计划截图

在这个案例中，我们看到的是用户成功邀请前 3 个好友注册，就可以免费获得 1 个月的高级账户。同时，被邀请的用户完成首次购买行为，邀请人还能再得到 5 个印象分。也就是说，当前 3 个新注册用户产生了成本支出后，需要有 6 位好友付费才能获得下一次免费兑换高级账户的分值，这种设计使得获得注册后的转化维系成本变得更低，印象笔记的一个月高级账户的价格是 98 元 / 年，12 元 / 月。我们通过表格来分析一下这种做法是否划算（见

表 3–2)。

表 3–2　印象笔记的邀请注册成本

高级账户单月价格	所需邀请好友数	邀请注册成本
18.00 元	3 个	6.00 元
高级账户单月价格	**所需付费好友数**	**邀请付费成本**
18.00 元	6 个	3.00 元
高级账户单月价格（年费折算）	**所需邀请好友数**	**邀请注册成本**
12.33 元	3 个	4.11 元
高级账户单月价格（年费折算）	**所需付费好友数**	**邀请付费成本**
12.33 元	6 个	2.06 元

可见，通过邀请的方式获得注册和付费的用户成本非常低。

除了印象笔记，DropBox（网络储存服务商）、瑞幸咖啡，甚至微信读书都有类似的用户推荐计划的设计。

DropBox：邀请别人加入 DropBox，每成功邀请一个人可获得 500M 奖励空间，通过这种方法最多可得 16G 免费空间。

瑞幸咖啡：邀请新用户使用，新用户可以获得 1 杯免费咖啡，消费完成后，邀请人也获得 1 杯免费咖啡。

微信读书：赠一得一，即送别人一本书，自己也能得到一本书。

有兴趣的话你也可以算算 DropBox、瑞幸咖啡以及微信读书获取一个新用户的成本。

当然，不同的行业、不同的产品，其拉新、活跃与留存的成本并不相同，很难将它们做横向比较。

除了用户推荐计划之外，积分也有类似操作。下面这是一个与我的读者有关的案例。

这位读者帮公司运营一个公众号，确切地说，是运营一个新媒体矩阵，这些公众号针对的是母亲群体。

运营初期，他们尝试过各种各样的玩儿法，比如海报裂变、社群裂变等，也被竞争对手投诉过，被用户举报过，所以也受到过被封模版消息、被清空关注粉丝等惩罚。后来，他们发现了一个很有用的东西，就是虚拟货币。

这里的虚拟货币，当然不是区块链和 ICO（数字货币），而是基于用户行为奖励给用户的代币，我们就称它为“魔力豆”吧。用户每天签到打卡，可以获得魔力豆；阅读和观看内容，可以获得魔力豆；邀请其他家长关注，也可以获得魔力豆……

你可以想象到的一切需要用户实施的行为都可以获得魔力豆。

如果你没有接触过与虚拟货币、企业积分相关的工作，那么你可能不太能理解魔力豆这样的游戏性设计的好处，让我来简单地讲给你听。

首先，魔力豆带有企业虚拟货币的属性，这决定了其价值是可以被定义的。也就是说，企业是可以定义魔力豆的获取途径、消费途径、获取成本以及消费成本的。这种属性让企业中熟悉积分操盘的员工可以有效控制实际成本，确保获客成本保持在较低的区间。

其次，魔力豆带来的用户感知既不像现金或者实物奖品那么直接（可以规避用户过于纠结利益的风险），又具有可兑换的通货的性质。它一方面可以增加用户的流失成本，另一方面也让参与获取行为的用户得到实际的奖赏。

关于虚拟货币、企业积分，我会在第四章做详细的拆解和说明，在此先不赘述。

为什么这家企业会使用魔力豆这样的虚拟货币产品作为新媒体矩阵的裂变工具呢？

很简单，在没有这个工具之前，这家公司的运营人是按周组织活动的——通过用户分享海报的方式拉新，拉新达到一定数量后，为符合条件的用户派送实物礼品。

这样的活动做了一段时间后，运营团队发现两个问题。

- 活动奖品的成本会随着参与人数的变化水涨船高，不利于控制单位用户的获取成本。
- 活动含有明显的利益诱导，一旦出现用户投诉，就会严重影响公众号的运营。

为解决这两个问题，运营团队讨论了很久，并找到了解决方法。

- 找到一个老板认可的方式，将单位获客成本和获客速率维持在运营人的可控范围之内。
- 让用户拥有稳定的利益感知并且能够被递延预期，这种预期可以让用户留存、降低流失。

思来想去，他们决定借助第三方平台做一个 MVP（最小化可行产品）。先利用有赞构建出一个积分商城，然后在积分商城里做两个活动。

- 每天签到，送 10 个积分。
- 每邀请一个用户关注公众号，送 100 个积分。

然后，他们在自己的用户社群里从 3 个 100 人规模的群组开始灰度测试。

结果出乎意料，在没有任何实物奖品刺激的情况下（积分可以兑换奖品，但由于受限量作用的影响，用户并没有办法以很快的速度去消耗积分），进行灰度测试的群组在当天下午拉来了 10 倍于群组量的用户。

这个MVP成功了。

接下来，运营团队就去整理MRD（市场需求文档），并提出产品需求。最终，他们固化了自己的积分产品，并可以更有效地组织每周一次的活动，从而增强活动效果，达成运营目标。

对这个运营团队来说，魔力豆其实是活动产品化后得到的产品。它是一个以积分为奖品的签到与邀请活动。

到这里，其实故事还没有结束。接下来，用户开始对运营人提意见，这个最初的拉新活动变成了一个用户需求驱动的产品，而拉新和留存用户的效果也越来越好。

所以，不要把自己只看作活动的策划者，而是要从一定高度去看待你自己所做的活动。活动运营人应当具备产品经理的思维，否则很难持续做出好活动。要知道，一旦陷入了不良循环，你的所有发展和定位也就只与活动策划有关。

活动运营人应该具备的产品思维

上一节，我谈到了活动产品化，认为好的活动运营人应当具备产品经理思维。那么这一节，我就来和你聊一聊活动运营人应该具备哪些产品思维，以及要如何获取这些思维。

首先，请大家记住一句话：不论你是否有机会将活动产品化，每一个活动你都应当把它当作你负责的产品来看待。

多年前，当我们讨论产品经理与运营人的时候，我们经常会说："产品经理是生孩子的人，运营人是养孩子的人。"

对于进入运营阶段的产品来说，这是一个非常有趣且到位的比喻。但当我们讨论活动运营人时，我们会发现活动运营人这个角色非常有趣。一个活动从设计到开发，再到上线运营，活动运营人往往扮演着策划者、执行者和复盘者三个角色，高阶的活动运营人甚至还是决策者。

所以，千万不要仅仅把自己定位于"只是一个活动的策划者"，而是要把自己定位于负责人的角色。

让我们进入主题，先看看产品经理需要具备什么样的思维。

需求洞察

什么是需求洞察？还记得我在第一章里提到的产品经理的两个经典故事吗？

福特经过调查得知用户需要一批更快的马。为了在竞争中胜出，福特没有培育快马，而是制造了一辆汽车。

用户去店里买钻头，他的实际目的并不是拥有一个钻头，而是要用钻头在墙上打出一个洞。

此时你可能开始疑惑需求洞察和活动运营人究竟有什么关系？

事实上，它们之间的关系非常密切。活动运营人的工作涉及主题选择、规则设计、奖品设置。如果活动运营人不知道用户为什么要参加一个活动，那么他怎么设计活动的主题？怎么写活动文案？怎么让用户觉得规则简单合理？怎么考虑奖品的设置呢？

我曾带领团队做过一些裂变活动，其中一个活动的目标是要吸引有 3~6 岁孩子的家庭参加。但是活动结束后，调研结果表明，大量的用户是有 0~3 岁孩子的家庭，于是我带领团队复盘，并找到了原因。

问题出在了奖品设置上，负责活动策划的同学是未婚的年轻人，她并不知道有 3~6 岁孩子的家庭会关注什么，于是在选择奖品的时候，她选择了防走失书包。表面看来这并没有什么关系，但仔细想想，什么样的家庭会需要这样一个书包呢？很明显是那些有随地乱跑的孩子的家庭，即只有孩子年龄在 2~3 岁的家庭才可能需要这样的装备。

那么，应该怎么办呢？下一次活动应该更换奖品，选择学习用品，因为 3~6 岁的小朋友要开始学习写字、阅读，甚至训练逻辑思维了。这就是需求洞察对活动运营工作的重要性的体现。

当然，你可能会说，这只是个特例。那我现在出一道挑选奖品的问题，请你快速回答你的选品计划。

题目：你需要为一款外卖产品设计一个活动。

要求：活动期间有效提升用户的日均下单频次。

问题：如何设计这个活动？以什么作为奖品？

如果你是外卖 App 的重度使用者，那么你会脱口而出——外卖红包，而且是以日下单量为条件的大额红包，这个大额红包既可以是分批次、有满减条件的红包，又可以是组合的红包套装。

那么请你想一想，为什么你能这么快速地回答这个问题？是不是因为你是重度使用者，对消费者群体的需求有比较深入的洞察呢？

成本意识

当你看到这四个字的时候，也许你会不屑一顾："产品经理怎么会考虑成本呢？明明是运营人才最优先考虑成本，毕竟投资回报率、交易量这些指标是由运营人负责啊。"

那么，让我问你一个问题：产品经理如何评估一个需求的优先级？

通常来说，一个产品经理评估需求优先级的前提是完成了需求洞察。需求洞察的结果会让产品经理明白，这个需求是一个紧急需求还是一个重要需求，是一个大众需求还是一个小众需求，是一个关键需求还是一个边缘需求，甚至这个需求是一个大需求还是一个小需求。

产品经理必须先清楚需求，否则在后续阐述需求和提交评审时，会受到来自研发人员的挑战。

> 这个需求是用户急需的吗？
>
> 这个需求是大量用户需要的吗？
>
> 这个需求能解决用户什么样的问题？
>
> 不解决这个问题会有严重后果吗？
>
> …………

一般情况下，紧急大过重要，大众胜过小众，关键超过边缘……

这些需求的实现，都需要人来参与，也就是需要付出人力成本和时间成本，所以优秀的产品经理一定会明白应该怎样拆解已经洞察到的需求，提炼出核心要点，并按照一定的有限顺序来推进需求实现的节奏。

活动运营人也是一样，考核活动是否成功的标准，无非就是活动是否做到了在预定的投资回报率里尽可能多地提升活动关联指标。投资回报率与成本有关，活动效果与开发成本有关。所以，成本意识很重要。

场景化

场景化是一个很“产品”的词，这个词的意思是产品经理在做产品设计时，不能只盯着功能，而是要回到一个最原始的问题：什么人会在什么情况下解决某个问题？这个人想要的解决方案是什么？有什么方法可以让他更顺利地解决这个问题？

用术语来表达就是，产品的需求梳理需要有“用户故事”。而对活动运营人来说，他们也需要具备这种适合自己的思考问题的方法——什么人会在什么渠道了解这个活动的信息？是什么原因促使他参加这个活动？在参与活动的过程中，他愿意付出多少成本来换取活动给予他的利益？如何能让他付出的成本更明确化，同时收益可衡量？

所以，回到我在前面给你出的那道题。

> 题目：你需要为一款外卖产品设计一个活动。
>
> 要求：活动期间有效提升用户的日均下单频次。
>
> 问题：如何设计这个活动？以什么作为奖品？

活动运营人完全可以尝试以这样的工作方法去思考问题。

> App 推送了一条活动通知，用户王小二看到了这条通知，并打开了 App，接着 App 弹出该活动的全屏广告，王小二点击了这个广告，并进入了活动页面。
>
> 王小二发现，在活动期间，只要每天在 App 上完成两笔

订单，就可以获得100积分，同时再获得一次抽奖机会。

王小二中午完成了一笔订单，晚上又完成了一笔订单，于是他收到了一条系统通知。通知的内容是他获得了100积分，同时还获赠了一次抽奖机会。

王小二点击消息，进入了抽奖页面。页面滚动显示有人抽中了20元的红包，也有人抽中了2元的红包，还有人抽中了指定商户的免单券。

于是王小二点击了抽奖按钮，结果他抽中了10元红包。此时App弹出了分享页面，王小二按照提示点击了“分享到朋友圈”。分享完成后，红包发送到了王小二的账户。同时，王小二收到了一条系统消息，提示他可以使用红包继续订外卖了。

我们这样去描述一个活动，是不是已经包含了活动的规则、对象、奖品发放的方式等关键要素了？对活动运营人来说，活动设计得怎么样，传播是否到位，就是要看用户故事的描述是否足够全面与精确。

有了这些故事之后，活动运营人再去考虑活动设计和活动需求，就会事半功倍了。

数据优先

所谓数据优先，是指当产品经理考虑一个功能的去留、优化方向甚至优先级时，他需要以数据作为关键参考因素。

一个功能上线了，却没有人使用，那么对于产品经理来说，这就是一种失败。一旦发生这种情况，产品经理就需要思考用户不使用这个功能的原因，是因为需求本身是臆想出来的所谓“伪需求”，还是在功能设计或者引导使用上发生了偏差，需要修正。

对活动运营人来说，活动效果是否符合活动策划时的预期，这需要看数据。活动数据同时也会帮助活动运营人确认这个活动是否可以被固化，并通过长期的运作成为节日；活动数据也可以让运营人了解活动本身有哪些需要改进的方面，便于后续开展工作。

我们来看一个虚拟的数据切片（见表 3–3）。

表 3–3 数据切片

日期	注册用户数（个）	付费用户数（个）	当日订单数（个）	订单金额（元）
2018/9/20	231	1 432	1 582	17 766
2018/9/21	212	1 324	1 345	19 139
2018/9/22	243	1 378	1 476	19 660
2018/9/23	234	1 543	1 786	20 235
2018/9/24	189	1 345	2 434	32 470
2018/9/25	168	1 253	2 324	26 796
2018/9/26	187	1 687	3 123	38 819
2018/9/27	178	1 548	2 987	42 475

（续表）

日期	注册用户数（个）	付费用户数（个）	当日订单数（个）	订单金额（元）
2018/9/28	242	1 487	2 573	36 331
2018/9/29	267	1 723	2 989	39 843
2018/9/30	265	1 824	2 398	29 328
2018/10/1	123	1 322	1 823	24 337
2018/10/2	111	1 238	1 923	27 960
2018/10/3	133	1 321	1 870	37 643
2018/10/4	126	1 123	1 721	31 374
2018/10/5	135	1 378	2 198	38 047
2018/10/6	121	1 576	2 832	43 698
2018/10/7	156	1 679	3 123	52 248

我们继续做数据分析。

我们可以从上面的数据看出，自 2018 年 9 月 23 日起，人均订单数出现了明显的提升——经历了国庆节的下降调整之后，依然保持了不错的上升趋势（见图 3–16）。

再来看人均金额和单均金额（见图 3–17）。我们发现，虽然单均金额涨幅不高，但人均订单数的提升，影响了人均金额，因此人均金额有较明显的提升。

假设 9 月 23 日所在的这一周，正好是你策划的提升人均订单数的活动在线上运行的时间节点，那么从数据分析中可得到一个相同的结论：这个活动的效果相当不错。因为它同时满足了活动上线立竿见影和活动下线趋势保留这两个要求。

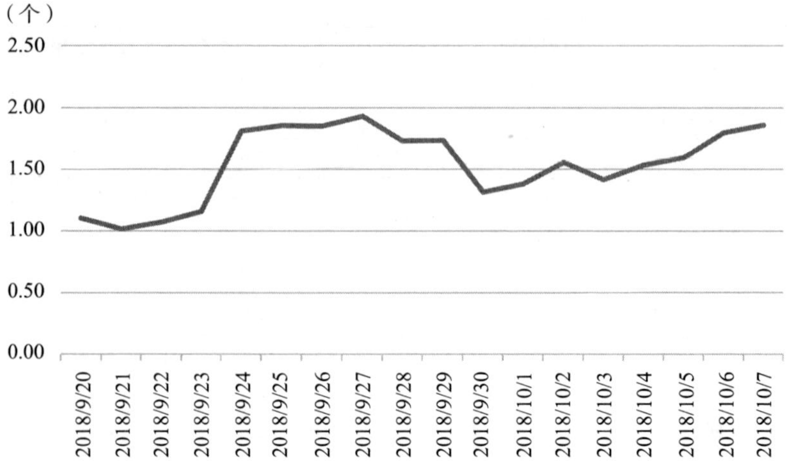

图 3–16　人均订单数的变化趋势（2018 年 9 月 20 日—10 月 7 日）

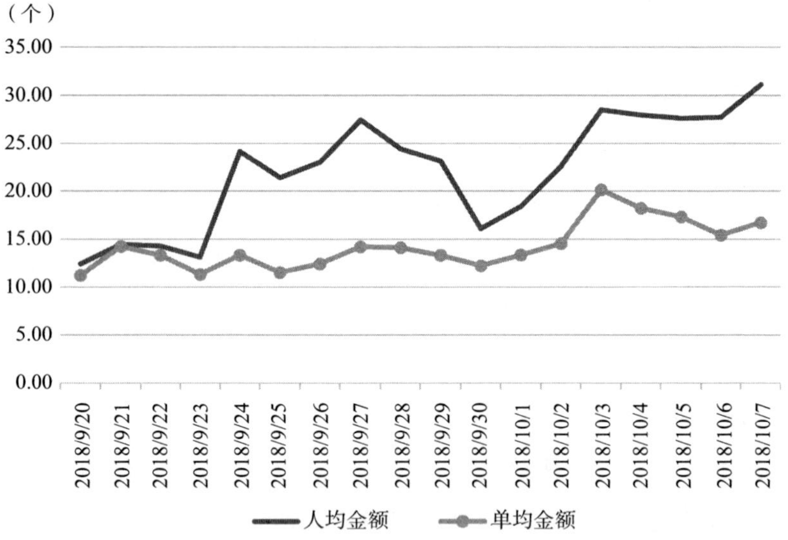

图 3–17　人均金额与单均金额的变化趋势（2018 年 9 月 20 日—10 月 7 日）

这时，我们就要问自己一个问题：既然这次活动能够提升并且在一定程度上保持人均订单数的增加，那么下一次活动我们要怎么去改进呢？有没有更好的方法来提升销售额呢？这就是数据优先、推动迭代的思维。

用户体验

你可能会想，怎么越讲越虚了？为什么会讲到用户体验这个部分？

别急，我给你看一个截图（见图 3–18）。如果你还记得这个截图曾经出现在《从零开始做运营》一书中的话，你就应该记得当时它是作为一个反例出现的。

当时这个活动广受诟病，大家认为一个活动的目标应该尽可能简单一些，活动策划者不应太过贪心，因为设计的活动目标太多会导致用户并不知道应该怎么做。

这个活动揭示的问题就是用户体验被忽视了。用户体验看起来是一个有点儿虚的概念，但实际上它是有明确的范围和感知的。我举一个非常简单的例子。

某公司做一个社群活动，通过赠送免费的学习资料吸引用户入群。入群后，用户需要完成一系列的动作去获取这些免费的学习资料。

微信一开始并不阻止那些带有群二维码的海报出现在朋友圈

内，所以有一段时间是做社群服务的第三方的黄金时代，譬如建群宝、爆汁裂变就曾处于黄金时代。用户通过极短的流程，就可以加入一个个社群，并通过完成平台的裂变任务去获取这些免费资料。

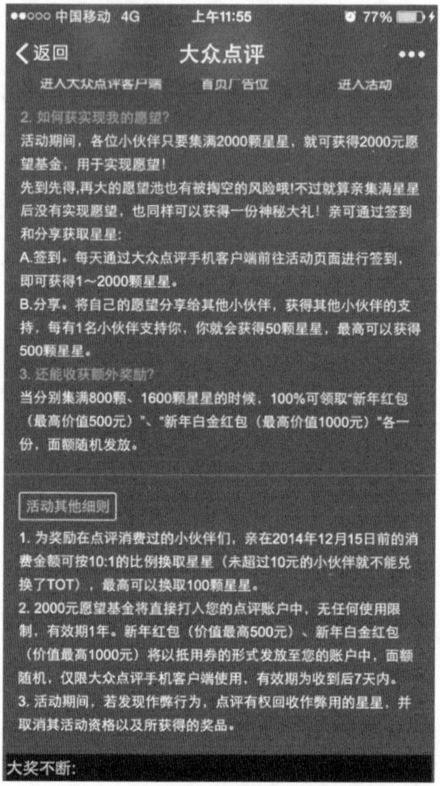

图 3–18　2014 年年末大众点评的新年红包活动截图

但突然有一天，利用第三方社群活码工具开展社群裂变活动的运营人在后台发现，这些带有二维码的海报，无法为他们带来流量了。深挖原因后，他们发现这些第三方工具生成的二维码已被微信屏蔽，而且屏蔽动作非常直截了当——当用户分享海报到朋友圈时，这条动态不再显示在好友的朋友圈内。即使好友主动点击头像进入朋友圈，也看不到这条动态，就连自己的朋友圈主页中也不再出现这张海报了。

如果你是运营人，那么你会怎么处理？有三种处理方式。

方式一：海报上留一个跳转页面的固定二维码，跳转后的页面上有一个人工维护的社群二维码，当入群人数超过一定量级时，由运营人手动更改为新群的入群二维码。

方式二：放弃优化海报，听天由命。

方式三：重新设计整个流程，让用户可以继续通过扫描一次二维码的方式就完成进群动作。

如果我们想做到用户体验的极大优化，那么第三种方式一定是最好的选择。但通常采用第三种方式也意味着活动延期、成本提高，那么，在兼顾实现成本和快速上线的前提下，第一种方式就成了更优的选择。

我们以 2014 年大众点评的活动规则为例，就是为了说明：当你在活动页面上大肆堆砌活动规则，却不考虑用户会不会看、看不看得懂的时候，这个活动就已经失败了。

当然，还有一些特殊情况。譬如，当你的品牌足够大的时候，你每次推出活动，用户都会不假思索地参加，那么你根本就不用考虑如此细节的体验问题。

但是，我仍然要提醒大家 ，这种不需要思考细节体验问题的场景非常有限，毕竟真正的大品牌并不多。

第四章
忠诚度工具与激励体系

忠诚度管理与互联网运营

迈克尔·波特在 1980 年提出了转换成本这一概念。转换成本指的是当消费者从一个产品或服务的提供者转向另一个提供者时所产生的一次性成本。它并不仅仅指财务上的成本，同时也包含了情感转移的成本以及耗费的时间、精力等隐性成本。转换成本构成了企业的竞争壁垒。

1985 年，巴巴拉·本德·杰克逊提出了关系营销这一概念，他认为，关系营销就是为了获得、建立和维持与产业用户紧密的长期关系。这段话刚好也适用于互联网运营。我在《从零开始做运营》中指出用户运营就是围绕拉新、留存、促活跃和防流失进行的一系列工作。事实上，这些工作就吻合了巴巴拉·本德·杰克逊的关系营销理论。

关系营销的核心就是顾客忠诚，我们实际无须借助大师的营销理论就可以认定一个现实：通常情况下，从用户与产品的第一次接触开始，到最终用户对产品体现出忠诚，是需要经历一系列的过程的。

通常来说，用户对产品从陌生到熟悉，从无感到忠诚，会经历以下过程（见图 4–1）。

图 4–1　用户对产品的接受过程

在用户和企业接触的过程中，用户会逐渐了解企业的特点、性格，使用企业提供的产品与服务。企业希望用户在消费的过程中，熟知企业的优点，包容企业的缺点，并且随着使用深度的加强，用户能够感知到企业与其他竞争企业的差异，甚至形成情感联结。

基于迈克尔 · 波特的转换成本理论，一旦用户与企业之间形成了情感联结，那么竞争企业再想对其进行转换就要付出高额的成本。在这种情况下，竞争企业就要进行艰难的选择——是付出更高的成本来获取市场与用户，还是退出竞争？

使企业与用户形成情感联结的第一步，就是要让企业或品牌在用户的心目中形成独特的标识。

独特标识的形式有很多，最常见的形式是以一张会员卡赋予用户和企业或品牌一个共同的认知。

案例 1：宜家会员俱乐部

1. 入会：在线申请或者在宜家商场的自助会员注册机上注册。

2. 会员权益：

（1）每天都有会员价商品。

（2）退换货时间延长到 180 天。

（3）会员免费咖啡（周末、节假日、商场活动除外）。

（4）会员刊物免费寄送。

（5）年度回馈，消费多送生日蛋糕券。

（6）每周最后一个周五，为会员举办家居课堂。

你会发现宜家的会员权益和宜家商场是紧密绑定的，它的目的非常简单：让会员更多次地前往商场。

对，就这一个目的。因为只要会员到了商场，宜家精心设计的行走路线就需要他们花费很长的时间才能逛完商场，而宜家开放的场景式布局又给了他们驻足停留的理由。你会发现不论什么时间，宜家总是人满为患。其中有一个原因是，宜家内部的动线设计看起来非常不合理——人们无法中途停止走出商场，而是不得不沿着设计好的路线抵达终点后才能离开。

为什么宜家要做这样的设计？

勒温在《拓扑心理学》里给出了著名的公式：

$$B = f(P, E)$$

他认为，行为是人与环境的函数。一个人的行为往往受到性格与心理环境的影响。我们来看一个例子。

有一个小学生，他平时很乖，放学就回家，到家就写作业。有一天，他的妈妈告诉他，自己要出差3天，希望他放学回来好好做功课，听爸爸的话。结果，这个小学生前两天回家就看电视，直到爸爸回家再写作业。到第三天，他却非常乖，回家就写作业。这是为什么？

原因很简单，因为前两天他很清楚只有爸爸在家，而且爸爸通常对他比较宽容，所以他就很安心地看电视。但第三天他不知道妈妈是在这一天的哪个时间段回家，且妈妈是很严厉的，所以他害怕自己偷懒会被发现，就重新开始了“乖乖”行为。

宜家的设计也是一样，当一个消费者置身于宜家的商场，周围全是跟着动线行进的人群和不断把商品放进购物车的顾客时，他的心里也就变得热闹起来，进而影响他的感知与判断：宜家的商品有这么多人愿意买，说明商品质量应该不错，而且价格也合理，看来我也应该买。

类似的情况还有：饭店门口排的队越长，就越容易吸引其他人排队。

案例 2：东方航空“东方万里行”飞行常客计划

大多数航空公司会设立飞行常客计划。计划中的赠券被里程取代，里程的获取通常又和飞行频率、飞行距离密切相关，里程还可以兑换机票等服务。常客会以高频飞行的累计行程完成升级动作，从而获得更高的权益。这些权益不仅仅体现在乘坐某一家航空公司的飞机上，甚至延伸到了航空公司以外的领域。下面我们从东方航空的飞行常客计划来看相关的典型设计吧。

1. 入会：年满 12 周岁的自然人，可以通过网站注册、服务网点注册、电话注册、客舱注册、App 注册的方式加入“东方万里行”飞行常客计划（不满 12 周岁可以申请“东方小飞人”）。

2. 凭证：“东方万里行”常旅客卡（电子卡与实体卡皆有）。

3. 累计方式：

（1）航空积分：成功购买并完成东方航空公司及其伙伴航空公司的飞行里程后获得。

（2）合作伙伴积分：联名信用卡消费、入住合作酒店、在合作伙伴处消费后获得。

4. 兑换内容：

（1）机票（包括东航、天合联盟成员、日航、澳航、国泰等航班）

（2）升舱、逾重行李

（3）积分商城礼品（包括 3C 产品、家用电器、生活服务、母

婴产品、汽车用品等）

（4）免税品

飞行常客计划是为了让经常乘坐飞机的人，优先选择某家特定航空公司。

当然，不论是宜家会员卡还是东航飞行常客计划，都需要消费者先成为会员，然后会员企业才会提供相应的会员权益。

回想一下，在互联网还不像今天这样发达的时候，商家的会员卡通常需要现场申请和制作。我相信每个人的钱包里都有那么几张会员卡，可能是百货商店的会员卡，可能是超市的会员卡，也可能是银行发行的联名卡。事实上，你有什么卡并不是关键问题，关键是你是否认为这么一张小卡片能把你与商家联系在一起？

商家通过发行会员卡获得会员的消费数据、活跃数据，并对消费者进行分级管理，这种分级管理的目的有两个。

- 了解会员的消费偏好，从而可以有针对性地开展精准营销。
- 划分会员等级，有助于将资源给予最核心的忠诚用户，并有效节约运营成本。

如果发行会员卡是让品牌与顾客建立联系的第一步，那么，针对消费与活跃数据进行会员分级、开展精准营销，就是刺激顾客持续消费、形成消费习惯的第二步。

只要从事过会员体系建设的人都会发现，会员分级本身不是最关键的问题，通过多种模型、级别分出等级后，找到影响会员体系价值的会员权益设计才是关键。

所有的忠诚度计划的实施，都必须首先研究如何从“习惯”走向“认同”，因为这需要跨越一条巨大的鸿沟。为了跨越这条鸿沟，前人做了很多研究，最初大家都认为要获取用户忠诚度必须要保证用户满意度，而要保证用户满意度，就应该努力满足用户的期望，而如果用户期望得到了满足，用户就会认可企业与品牌带给他的价值，进而对企业和品牌忠诚。直到 1997 年，伍德鲁夫提出了顾客价值认知理论，他认为，顾客对价值的认知是随时间而变化的。在购买企业与品牌的产品或服务前，顾客会对价值进行预评价，形成购买前的初步预期；然后在这种预期的基础上产生购买行为；购买后，顾客又会从产品、服务及其他层面对这次购买的实际价值做出评价，同时这一次的实际价值评价就成了下一次发生购买行为的基础。这是一种动态的评价体系（见图 4–2）。

图中的实线部分是购买前和购买中的行为，而虚线部分则是购买完成后顾客建立新预期的过程。

从图中我们还可以看到，新预期的建立不仅仅依靠顾客对企业或品牌交付产品本身的价值评价，还会受到其他因素影响，譬如，他人对本次购买的价值认定。

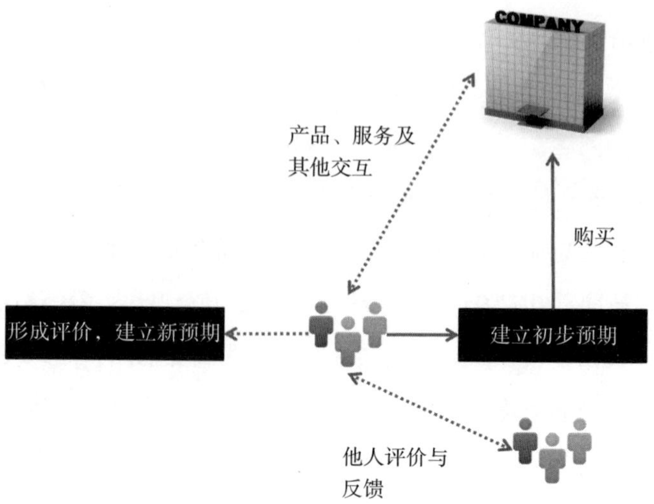

图 4-2　伍德鲁夫的顾客价值认知理论

让我们为用户在购买前、购买中、购买后付出的成本及获得的价值做一个简单的模型（见图 4-3）。

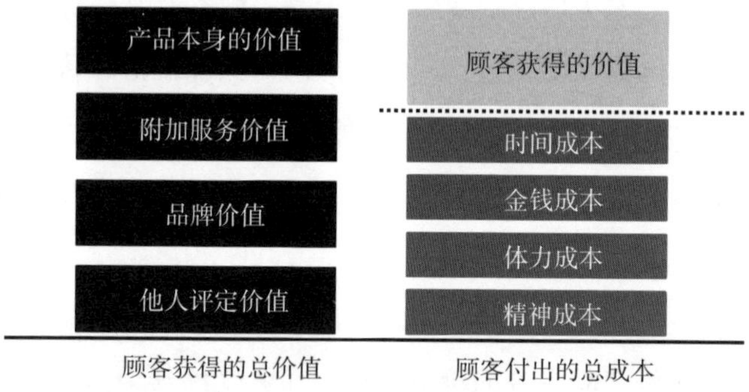

图 4-3　顾客价值及成本

理论上说，“顾客获得的总价值”的占比越大，用户转换企业与品牌产品及服务的成本就越高，因此，用户对于企业和品牌的满意度也会越高，就更容易实现用户忠诚。

这也是为什么影响会员体系价值的关键在于会员权益的设计，而会员权益设计的关键就是如何放大用户的获得价值。

案例 3：2017 年京东会员体系调整前的会员级别及会员权益

从表 4–1 中，我们发现不同等级的会员能够享受到的权益是完全不同的。我们来介绍一些传统零售行业里的关键假设。

表 4–1　京东会员权益表

会员特权	注册会员	铜牌会员	银牌会员	金牌会员	钻石会员
自营免运费	满 99 元免运费	满 99 元免运费	满 99 元免运费	满 99 元免运费	满 79 元免运费
售后运费	单免	单免	单免	单免	双免（限自营）
评论奖励	可享	可享	可享	可享	可享
会员特价	无	铜牌会员价优惠	铜牌、银牌会员价优惠	铜牌、银牌、金牌会员价优惠	全部会员价优惠
生日礼包	无	无	可享	可享	可享
专享礼包	无	无	无	金牌礼包	钻石礼包
装机服务	可享	可享	可享	可享	可享
贵宾专线	无	无	无	无	可享
运费券	无	无	无	无	每月 2 张

- 用户等级越高，其忠诚度越高。
- 忠诚用户贡献的价值要远远高于其他用户，而贡献价值大小通常和他们的级别呈正比。
- 维护一个忠诚用户所耗费的成本通常只有获得新客成本的 1/5。
- 二八原则永远存在：20% 的用户贡献了 80% 的收益。

但如果你仔细琢磨这些关键假设，你就会发现在整个忠诚度体系中，京东真正要维护的并不是全部会员，而是那 20% 甚至更少的高净值用户。

于是，传统零售业在考虑构建用户忠诚度体系时，首先要做到能够将这 20% 甚至更少的用户给遴选出来。应该怎么选？自然有方法。

我在前文中提到，传统零售业热衷于为会员发放会员卡。而如果你有心，就会注意到会员消费是需要至少刷一次卡的，而只要你刷了带有磁条的会员卡，磁条就记录了你的会员号码，会员号码可帮助商家匹配到你的真实会员信息。

当然，如果你选择了刷卡支付，那么在理论上，你还要至少刷一次银行信用卡或者借记卡才能完成整个消费流程。

再次强调，对于正在构建忠诚度体系的商家来说，了解到会员的消费行为是关键所在。

了解了用户行为之后，又该如何划分会员等级呢？这时，我们就要请出算法模型先生来为大家讲解了。

在诸多的模型中，RFM（客户关系管理）模型理论的（见图4–4）应用最广。

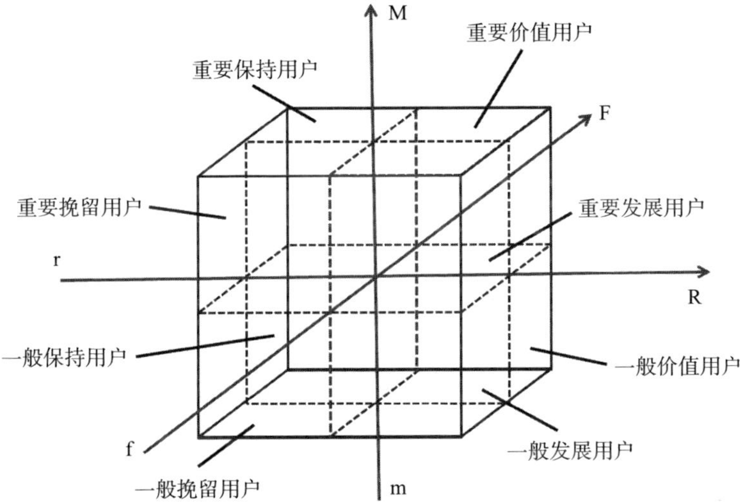

图 4–4　RFM 模型

- R 代表 Recency，指最近一次消费。
- F 代表 Frequency，指一段时间内的消费频率。
- M 代表 Monetary，指累计消费金额。
- 这三个要素可以简单有效地反映客户的价值。

整个 RFM 模型主张最后一次消费的时间节点越近越好，因为这样的用户更敏感，基于这种用户的运营和营销产生的效果也更好。RFM 模型还主张在限定时间里的消费频率越多越好，消费金额越高越好，原因是消费频率高说明用户的满意度高，愿意复购；消费金额高则说明用户本身的价值高。

如果你没能完全理解上面这段话，那么我们就继续深入讨论一下。

如果我们列一张表，或许就能更清晰地看出这个模型想要表达的意思（见表 4–2）。我们将原点定义为平均值，如果某个象限的数值表现高于平均值，那么我们就定义为“高”，反之定义为“低”，于是我们就得到了下面这张表。

表 4–2　RFM 模型拆解

RFM 值 / 用户类型	R（最近一次消费）	F（一段时间内的消费频率）	M（累计消费金额）
重要价值用户	高	高	高
一般价值用户	高	高	低
重要发展用户	高	低	高
一般发展用户	高	低	低
重要保持用户	低	高	高
一般保持用户	低	高	低
重要挽留用户	低	低	高
一般挽留用户	低	低	低

这样看是不是清楚了很多?

对于一家企业来说，在 RFM 划分出的 8 个用户层次中，愿意为其投入最多资源的是来得最频繁、消费最多且最近也来消费过的客户；而最不愿意为其投入资源的是来得最少、消费最少，同时许久未来消费的客户。

这样的划分，也恰好验证了前文所述，忠诚度体系的目标客群其实就是那 20% 甚至更低比例的高净值用户，因为这些人的存在，产品与品牌才得以获得更好的发展。

然而互联网公司却常常陷入困局：为了做会员而做会员体系，为了做积分而设计积分体系。

这些互联网公司只看到会员体系或者积分体系可以有效调动用户的积极性，却不明白其背后运作的真正逻辑与商业模式。

设计积分体系本身并没有问题，但请在设计前先回到原点——忠诚度才是设计积分体系的出发点。

当然，不同公司对忠诚度的定义可能是不一样的。

忠诚度的概念来自传统零售业的一种管理用户的标准。对于不同的行业，忠诚度的表现和指针也是不同的。

- 对于零售业来说，消费的次数多、消费的金额高、近期也有光顾的客户比消费次数少、消费金额低、近期不来光顾的客户要更忠诚。

- 对于航空公司来说，加入了常客计划，并且通过这个常客计划不断累计里程的乘客比那些没有加入常客计划的乘客更忠诚。
- 对于银行来说，使用信用卡消费的次数越多就越忠诚。

简而言之，对于所有的产品或者品牌来说，有两类人群更忠诚：一类是持续使用者，另一类是推荐别人使用的使用者。

其实几乎所有的行业对用户的观察都是相似的。传统行业希望自己的产品获得持续使用，以及获得更多愿意口碑传播的用户，而互联网行业中也有一个 AARRR 的海盗模型，其中也包含了活跃、留存和推荐的过程。

可见，在任何行业中，关于用户管理的基本思路都是一样的。

- 提升活跃与留存——让用户持续使用 / 让消费者持续购买。
- 提升推荐效率——让用户愿意把这个品牌或者产品介绍给身边的朋友。

那么，如何在此基础上去定义更符合自己产品或者品牌的忠诚度呢？

首先，需要明确当前阶段的战略目标。对处于不同发展阶段的公司来说，战略目标也会有所不同（见图 4–5）。下面以一款以交易为核心要素的产品为例。

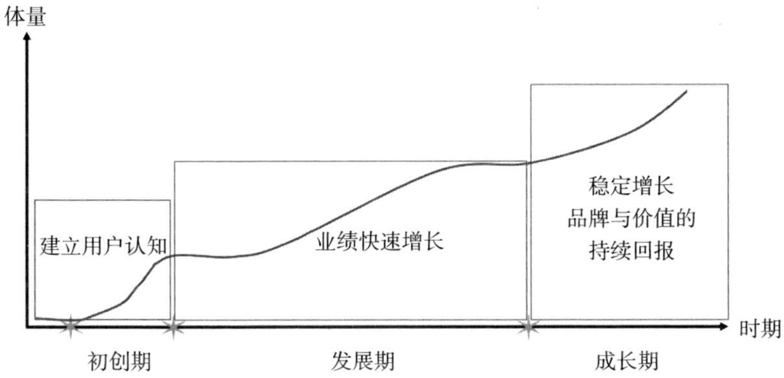

图 4–5　不同发展阶段对应的战略目标

我们会看到在产品的初创期，其战略目标是要让用户对产品建立一个准确的认知，明白该款产品是解决什么需求的，在什么样的场景或者故事背景下可以告诉用户一个什么样的故事。

讲清楚自己是什么并不是目的，真正的目的是通过这样的方式甄别出有效的客户群体，从而为他们提供服务。

在这个时期，衡量用户所谓的忠诚度需要三个指标。

- 评估用户是否完成了对商家的认知。
- 在用户完成认知的前提下，是否使用商家的产品和服务。
- 这些用户使用的频次和贡献度如何?

还有一点至关重要：究竟是什么核心功能吸引了这些用户，

给了他们动力与动机去做这件事？

发展期的战略目标的核心就是如何让业绩快速增长，成功销售商品或者服务是这个阶段最重要的事。

所以，这个阶段的忠诚度测量就会集中在传统的RFM模型上，根据用户的消费时间、消费频率、消费金额来判断用户对产品的贡献。

而成长期的战略目标的核心就是维持稳定的增速，在没有大起大落的前提下，伺机寻求新业务的突破。

这个阶段的忠诚度测量可能就会侧重于消费者与自己发生交易行为所持续的时间了。

这时你可能会有疑问：如果这个产品是类似在线教育这样高客单价却低频的服务交易，又或者是不具备交易属性的产品，那么又该如何呢？

事实上，这正是不同的产品会有不同的忠诚度定义的原因。

首先讨论在线教育。

假设一款B2C（企业对消费者）的自营电子商务的交易模型如下：

利润＝确认收入－运营成本

确认收入＝订单数 × 客单价－退款

运营成本＝人力成本＋采购成本＋其他成本

对于电商平台来说，确认收入的速度是非常快的，只要每一笔订单被成功支付且不发生退款，它就会被确认为实际的收入。但在线教育会有不同，因为如今在线教育采用预付款收入模式（这个收入模式在线下机构中也一样存在）。

在预付款模式下，在线教育的商业模型如下：

利润 = 确认收入 – 运营成本

确认收入 = 已消耗课时数 × 课时定价 – 退款

让我们在此基础上做三道算术题。

题目 1：2018 年某电商平台全年完成订单数 1 000 万单，平均客单价为 100 元，已知其退款订单占比为 10%，其每月运营成本为 3 000 万元，请问 2018 年全年该平台的确认收入与利润分别是多少？

这道题算起来很简单：

首先，确认收入 = 100 × 10 000 000 ×（1–10%）=9（亿元）

运营成本 = 12 × 30 000 000=3.6（亿元）

于是，利润 = 9–3.6=5.4（亿元）

题目 2：2018 年某在线教育平台全年完成订单数 10 万单，平均客单价 10 000 元，已知其退款率为 15%，其每月运营成本为 500 万元，请问 2018 年全年该平台的确认收入与利润分别是多少？

考虑到在线教育行业具有一定的特殊性，我们通过题目 2 只能得到这家在线教育平台 2018 年全年的现金流是 10 亿元，但在不了解它的课时消耗水平的前提下，是无法计算其确认收入的。

题目 3：2018 年某在线教育平台全年完成 10 万个订单，平均客单价为 10 000 元。已知该平台 2018 年全年完成的课时为 36 万节，单节课时平均价格为 100 元，退款课时共计 3 000 节，其每月运营成本为 500 万元，请问 2018 年全年该平台的确认收入与利润分别是多少？

计算步骤如下：

现金流水 = 100 000 × 10 000 –3 000 × 100 = 99 970（万元）

确认收入 = 360 000 × 100 = 3 600（万元）

运营成本 = 5 000 000 × 12 = 6 000（万元）

利润 = 3 600– 6 000 = –2 400（万元）

可见，尽管这个平台一年有接近 10 亿人民币的流水，但实际确认收入后，它居然还亏损了 2 400 万元。

这就是在线教育和电子商务在商业模式上的巨大不同，或者说，只要是采用高客单价、预付款模式的交易模型，都存在这样的差别。

至于没有收入的产品，我就不再列算式了，因为它很可能就是亏本的。

在线教育产品的忠诚用户可能并不仅仅是复购用户，还有那些不找平台退款，甚至以较快速度完成了课时消耗的用户。因为频繁使用产品的用户能够快速为产品提供确认收入，这才是产品能够继续存活的关键要素。同时，只有更快地完成预付课时的消费，才能更快地来到复购节点，为平台增加现金流。

所以，此类产品优先考虑的是现金流的滚动，而不是实际确认收入的增加，于是它们考核用户忠诚度的方式自然就会不一样了。

在线教育产品在考虑用户的忠诚度时，会走入另一个衡量标准：高净值用户未必就是付出更多预算、购买更大课包的用户，而是那些在实际消耗预付课程时，更快速地消耗课程的用户。此外，在线教育产品还要考虑用户通过推荐他人的方式为产品带来的现金流的贡献。

不过，即使这样，我们仍然可以运用 RFM 模型对这样一款在线教育产品做一个简单的关于用户层级的模型。

要使用 RFM 模型，我们必须进入第一步——在原有模型的基础上，重新定义 R、F、M。

R：最近一次消费课时距离统计当日的时间

F：最近 7 天消费课时数

M：统计消费课时带来的确认收入

举例来说，我们拿到一张数据表，里面包括了所有付费用户近一年的数据：用户 ID、最近一次消费课时距离统计当日的时间、最近 7 天消费课时数、当年累计消费课时数、课时单价和统计消费课时带来的确认收入。

首先统计最近一次消费课时距离统计当日的时间及相应用户数（见表 4–3）。

表 4–3　不同天数对应的用户数据

R：最近一次消费课时距离统计当日的时间（小时）	用户数（个）
1	77
2	125
3	678
4	349
5	123
其他	53

接下来就要为 R 赋值了。我们使用固定分组法，定义消费课时的时间距离在 24 小时内的用户的得分最高，分值为 5；消费课

时的时间距离在 24 小时内的用户的得分最高，分值为 5；消费课时的时间距离在 48 小时内的用户的得分次之，分值为 4；消费课时的时间距离在 72 小时内的用户的得分为 3；消费课时的时间距离在 96 小时内的用户的得分为 2；其他情况的用户的得分为 1（见表 4–4）。

表 4–4　不同用户的 R 值评分

R 值评分	用户数（个）
5	77
4	125
3	678
2	349
1	176

接着我们得到了 1 405 个用户的 R 值平均分为 2.69，这时我们就可以认为：R 值评分高于 2.69 的用户在 R 值表现上是高的，而低于 2.69 的用户在 R 值表现上就是低的。如果我们进一步对数据分箱，就会发现大概有 880 个用户的表现是处于 R 的高值的，但有 525 个用户属于 R 的低值用户。

运用同样的方法，我们也可以得到 F 和 M 两个值的均值，以及对应的高值用户和低值用户的数量，再通过前文中的表格（见表 4–2）就可以清楚地知道用户的分箱分组情况了。

如何构建一个会员体系

在这一节中，我们一起来讨论构建会员体系的方法。首先，我要引入一张关系图（见图 4-6），这个关系图并不能解决实际的会员体系建设问题，但它会给你一个思考会员体系的全新视角。

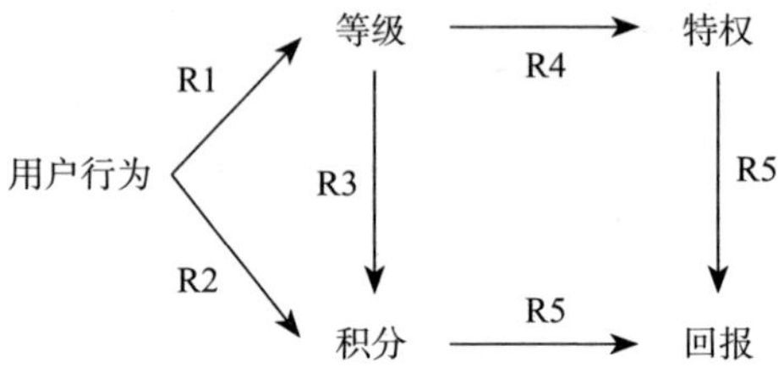

图 4-6　用户行为与回报的关系

这张图上的 R 是 Relationship（关系）的缩写，它代表关系，箭头代表指向关系的行进方向。会员体系通常是用户行为在产品中发生后，所获得的一系列回馈的合集。而用户行为带来的回馈，就是最终的“回报”，但用户行为与回报之间，可能会存在不同的链条。

最简单的一个层级是用户行为直接获得回报。在这个层级上，其实并不存在会员体系一说，而是直接的用户激励措施，如买一赠一、赠一得一等。

具体来说，在互联网时代，如果你的电脑安装了 360 安全卫士，那么你的电脑在每一次开机后，都会收到一个“本次开机用了 ×× 秒，击败了全国 ××% 的电脑”的通知，这就属于这个层级的体现；又或者你在某个视频网站上完成了会员购买后，会立即有弹窗告诉你购买已生效。这些都是用户行为直接获得回报的体现。

但当产品的用户量很大、需要分层分组对用户进行运营时，直接的行为回报就会变得有问题，其最大的问题在于用户付出的低成本将给用户管理制造难度。用户以最快的速度获得了收益，使沉没成本变得极低。为了更有利于在一个较长的时间周期内对用户进行管理，就需要考虑增加用户的沉默成本，同时通过时间放大用户的可得收益，使 RFM 模型产生最大的优势。

让我们对这个关系图进行进一步解说：用户行为与会员等级有关，用户行为可获得积分奖励；等级与积分之间可能会产生关系，譬如更高的等级获得更大的积分获取系数；高等级用户在使用产品的过程中可以获得更多特权，这些特权就是产品对用户行为的回报；如果选择积分作为奖励用户行为的介质，那么积分的使用也将带来回报。不同的回报可能占用同一成本预算，也可能进行相互独立的成本和预算考核。

这段解说适用于市面上 90% 以上的具有会员体系的产品。

以腾讯视频会员产品为例，腾讯视频的会员依然适用成长值系统，官方给出的公式如下：

成长值＝日常成长值＋任务成长值－非会员成长值下降

这几个值其实很好理解：日常成长值就是用户通过按月付费或一次性年费付费两种不同的付费方式换取的成长值。其中，按月付费用户每天可以获得 10 点成长值，按年付费用户每天可以获得 15 点成长值，同时，首次按年付费的会员还可以额外获得 1 800 点成长值。

任务成长值就是用户因完成指定任务而获得的额外的成长值。首次按年付费的会员可以额外获得 1 800 点成长值，这就属于任务成长值的范围。

非会员成长值下降是从 QQ 会员引入的一个成长值概念，即当一个付费用户变为免费用户后，其原先通过各种途径获得的成长值会以一定的速度递减，直到减为 0——这其实是一个绝妙的但可能会让用户感觉不适的设计。

腾讯视频的官方网站上给出了明确的会员等级与对应成长值的数值（见表 4–5）。

表 4–5　不同会员等级对应的成长值

会员等级	LV1	LV2	LV3	LV4	LV5	LV6	LV7
对应成长值	0	600	1 800	3 600	6 000	10 800	32 400

根据表 4–5，我们可以计算出采用不同支付方式付费的用户，其达到 LV7 所需花费的时间（见表 4–6）。

表 4–6　达到 LV7 所需花费的时间

会员等级	LV1	LV2	LV3	LV4	LV5	LV6	LV7
对应成长值	0	600	1 800	3 600	6 000	10 800	32 400
按年付费			起点	120 天	280 天	600 天	2 040 天
按月付费	起点	60 天	180 天	360 天	600 天	1 080 天	3 240 天

如果一直按月付费，那么用户达到 LV7 需要 3 240 天，将其换算成月，就是 108 个月，也就是 9 年。那么按年付费呢?

年费会员的起点是 LV3，换言之，年费会员比按月付费的会员要早半年达到 LV7，这无疑是一个巨大的诱惑。再看年费会员达到 LV7 的具体时间是 2 040 天，换算为月就是 64 个月，再换算成年，就只需要 5 年 4 个月的时间便可以达成愿望。

如果付费用户已达到 LV7 且不再续费，那么他们每天的成长值就会减少 5 个点，大概在 6 480 天（换算后约 18 年）以后，这个 LV7 的用户成长值就归零了（见表 4–7）。

而为什么非会员成长值下降是一个绝妙的设计呢? 原因很简单，用户每天看着自己辛苦得到的成长值在逐渐减少，会促使用户注意到沉默成本，进而会使用户因不愿意放弃自己已经获得的特权和标记身份的特权而续费。

表 4–7　不同等级对应成长值的归零时长

会员等级	LV1	LV2	LV3	LV4	LV5	LV6	LV7
对应成长值	0	600	1 800	3 600	6 000	10 800	32 400
掉落归零时长		120 天	360 天	720 天	1 200 天	2 160 天	6 480 天

究竟 VIP 有什么特权足以吸引用户一定要开通会员呢？我整理了官网和移动端上的信息，仅供参考（见表 4–8、表 4–9）。

App 的 VIP 权益包多出了两个品类（下载特权和服务特权），并且拓宽了原有品类里的权益服务。

表 4–8　网站特权

内容特权	观影特权	直播特权
院线新片持续更新	去广告	演唱会直播免费道具
独家 HBO（美国有线电视网络媒体公司）剧集	可选择 1080P（视频显示格式）	演唱会直播打折
顶级纪录片	杜比视界功能使用	
提前看热播剧	点亮身份图标	
送观影券看付费内容	赠送影片给好友免费看	

表 4–9 App 特权

内容特权	观影特权	下载特权	直播特权	服务特权
院线新片持续更新	去广告	极速缓存	演唱会直播免费道具	专属人工客服
独家 HBO(电视网)剧集	可选择 1080P	边下边播	演唱会直播打折	草场地商城享受会员折扣
顶级纪录片	杜比视界功能使用	多个视频同时缓存	可以观看直播回放	生日当天领取礼包
提前看热播剧	点亮身份图标	预约资源更新后自动缓存		
送观影券看付费内容	赠送影片给好友免费看			
	明星主题皮肤			
	专属明星气泡弹幕			

原因是什么呢？首先，在不同的终端上，产品功能与对应的用户权益并不完全相同，这是由客观因素决定的。其次，在不同的终端上，用户行为并不相同。用户在产品中获得的回馈是由其用户行为背后的价值决定的。从表面上看，对于一个在线视频产品来说，期望用户完成的终极行为都是付费，但是打动用户、让用户去付费的原因却是不同的。

在 PC 端上，用户打开视频网站就是为了看视频，所以，把宣传点放在下载速度快以及智能化的下载方式上都毫无意义。因为对用户来说，他们只需要确认产品的内容刚好是自己需要看的内容就已经足够了。

但是在 App 中，用户的预期改变了。对于更习惯通过 App 观看视频的用户来说，除了网络环境优秀、可以在线观看视频以外，他们还有其他的需求。以一二线城市的上班族为例，他们的娱乐时间会更多地向通勤时间靠拢，也就是说，他们需要“移动”观看视频内容。虽然一二线城市的很多地方都已经有公共 Wi-Fi，但一则并不是所有用户都了解如何去使用这些公共 Wi-Fi，二则这些公共 Wi-Fi 的网络质量并不理想。于是，提前下载好视频内容就成了这些用户的刚需。因此，比起内容本身，App 能够提供何种质量的下载服务是他们更加关心的问题。

可见，在不同的终端上，即便是为同一个会员服务，产品的表达也应该是不一样的。只有这样区分表达，才能促使不同终端的用户沿着不同的需求出发，走到让他们心甘情愿付费的那个点。

业内称这个点为付费点，即当用户的需求与产品的功能在某一个点上相契合后，用户会愿意为了更好的体验与服务去完成付费动作。

付费点广泛地存在于我们的生活当中。譬如，小猪佩奇的形象深受孩子们喜欢，原因可能是《小猪佩奇》动画片很好看，也可能是这个形象本身很有趣。于是，当小猪佩奇的形象被授权作为玩偶销售时，孩子们的付费点就自然而然地变成了“小猪佩奇的形象”；而对于大人来说，他们也许是喜欢小猪佩奇的性格或者特质，因此他们去买小猪佩奇形象的周边，不是因为它可爱，而是它能够和自己产生共鸣，甚至可以代表自己的价值观。

网络游戏中的付费点设计就更多了。

之前我提到《皇室战争》这款卡牌游戏，它的游戏机制就是通过收集、升级卡牌和基地，以及与他人对战，获得排名提升以及箱子奖励。在对战机制中，同一个奖杯段的用户会互相竞争。

竞争环境中会产生输赢的决定因子。

- 基地等级：同等伤害情况下，基地等级越高，对手攻击基地的速度越慢。
- 卡牌等级：同等基地情况下，卡牌等级越高，对手的防御计划就越难部署。卡牌等级与获得的同一张卡牌的数量以及用于升级卡牌的金钱有关。
- 操作方法：操作越娴熟，就越能做好防御，放大进攻优势。
- 经验程度：对战越多，见到的牌组越多，越能够准确预判对方的进攻强点和防御弱点，更好地组织对战。

于是，更快获得基地等级和卡牌等级的优势，对那些一心追求战胜他人的玩家来说就显得尤为重要了。这其实与人们有趣的心理相关：多数人遭遇失败后，会本能地把失败原因归咎于外部因素，如网速不快、手机不好、卡牌不够、基地血太少等。

当争胜心态与归咎外因这两个点结合在一起之后，就出现了一个可以成为付费点的诉求：如何消除外部因素的影响，并让“我”占据优势？

答案是花钱买钻石吧。这样你就可以以更快的速度开箱子、换金币以及完成基地升级和卡牌升级。这就是产品预先设计好的付费点。

Sensor Tower（移动应用商店数据分析公司）在 2018 年 7 月发表的一篇博客文章显示，《皇室战争》在上架后的两年内累计收入超过 20 亿美元，平均每天收入近 300 万美元，可谓是真正的日进斗金。而之所以 Spuer Cell（《皇室战争》发行商）可以利用游戏达到这样的收入规模，就是因为它绝妙的付费点设计，并且能够让用户在付费之后即时获得快感。对这类快感，我们可以称之为“付费点快感”，也可以将其看作“有钱难买我高兴”的典范。

事实上，如果我们回过头来审视我们的关系图（见图 4–6），可能就会发现这个模型与付费点设计的思路实际上是一致的——所谓的会员体系和会员权益建设，就是一个让付费点快感递延的工具。

应用到我们的案例，腾讯视频的会员特权就是腾讯给予付费用户的回报。那么你可能有了新的疑问——腾讯视频的会员是有等级的，但为什么前面多个表格的内容并没有体现出等级的作用？按月付费同样可行，为什么人们要选择按年付费、更快获得等级提升呢？难道就是因为一次性付费会有折扣，省去了每月充值的麻烦？让我们一起分析一下会员等级的权益差别（见表4–10），然后你就能明白产品为什么要设置不同的充值方式来激励用户成长了。

表 4–10　会员等级的权益差别

特权＼等级	非 VIP	VIP1	VIP2	VIP3	VIP4	VIP5	VIP6	VIP7
每月赠送观影券（张）	0	1	2	2	2	3	3	4
微信赠片给好友（部）	0	2	2	4	4	5	5	6

接下来，我们具体分析每月赠送观影券和微信赠片给好友这两项权益。

观影券是一种代金券，它可以用于观看会员专属的付费影片，这些影片通常是正在影院上映的大片。每月的观影券赠送数量会根据等级的不同而不同。微信赠片给好友是一种社交活动，会员有权每月为自己的好友送上免费的影片，赠送的数量根据等级的不同而不同，等级越高，可以赠送好友的影片数量就越多。

这两项权益都是直接挂钩视频产品内容核心的，对视频产品内容的强烈需求是用户付费的最直接原因。

由此你会发现，用户在内容需求烈度、社交烈度上的差异是构成这些权益差异的最直接原因，而解决方案就体现在付费的选择上。

越是对内容和社交需求强烈，就越有机会为视频产品贡献更多的价值。也因此有了一次性付费的年费会员和按月付费的月费会员的差异。

在这个案例中，我们实际上只讨论了一条线，就是用户行为、等级、特权和回报的关系线。那么又该如何看待积分呢？

首先，积分这个词在不同环境中的表达含义是有差别的。

在传统商业中，积分是一个虚拟货币，这个货币的价值定义由商家决定，用以奖励长期活跃的忠诚消费者。但在中国互联网领域中，积分有两种非常常见的兄弟形态。

兄弟形态一：单独的用户成长值体系。用户的行为会带来对应成长值的累计，这些成长值决定了用户的等级，但又不会外显为虚拟货币的积分。对于这个体系，我们在上面的案例中已经有所表述。我们在下一节会仔细讨论这种形态的好处。

兄弟形态二：无价值积分。无价值积分通常会被应用于论坛和内容产品中，用以体现用户贡献。同时它可以兑换无物质奖励价值但有精神奖励价值的产品，如勋章、特殊头像、身份标识等，这些精神奖励能帮助用户与其他人进行身份区分。

在中国互联网领域中，推出最多积分种类的公司可能是阿里巴巴。

阿里巴巴的积分有多少种呢？让我们来数一数。

淘金币：针对淘宝的消费者。消费者通过消费可产生淘金币的商品，或者完成可产生淘金币的任务，或者使用签到等功能，可获得淘金币。淘金币可以用于抵扣支持淘金币营销体系的商家的现金消费。

淘气值：淘宝会员体系内的定级积分。它由基础分值、购物分值和奖励分值构成。淘气值本身没有价值，但由淘气值决定的淘宝会员等级具有价值，淘宝会员等级可以帮助用户获取各种权益。淘宝的会员体系非常复杂，它曾经推出 A-Pass 会员，现在主打 88VIP，各自的权益也各不相同。

天猫积分：针对天猫的消费者。消费者可以通过在天猫购物获得天猫积分，天猫积分可以用于抵扣用户在天猫商城的现金消费。

飞猪里程：针对飞猪的消费者。消费者通过在飞猪消费航旅服务或者参与活动获得飞猪里程，飞猪里程可以用于兑换里程奖励、抵扣飞猪上产生的交易款项，基本上可与航空公司的里程进行对标。

蚂蚁积分：用户使用支付宝完成蚂蚁金服体系内的消费购物、生活缴费、金融理财等业务后获得的积分奖励。积分有两种，包括用于定义蚂蚁会员的等级积分和用户实际消费后获取的可用积分，可用积分可以兑换蚂蚁金服提供的各种奖励与权益。

集分宝：支付宝的通用积分。但目前看不到它的具体的积分应用场景，所以几乎可以忽略。

以上这些是我所了解的不同类型的积分，虽然它们看起来五花八门，令人眼花缭乱，甚至权益之间也相互交叉，但它们之间还是存在内在逻辑的。

首先做一个业务梳理，我们仅从面向 C 端的业务角度上来说，阿里巴巴所有的业务可以被分为两大板块：商业板块（淘宝、天猫、飞猪等）和金融板块（支付宝、蚂蚁财富）。

然后，我们看看各个业务内部的会员体系、积分体系之间的关系（见图 4–7）。

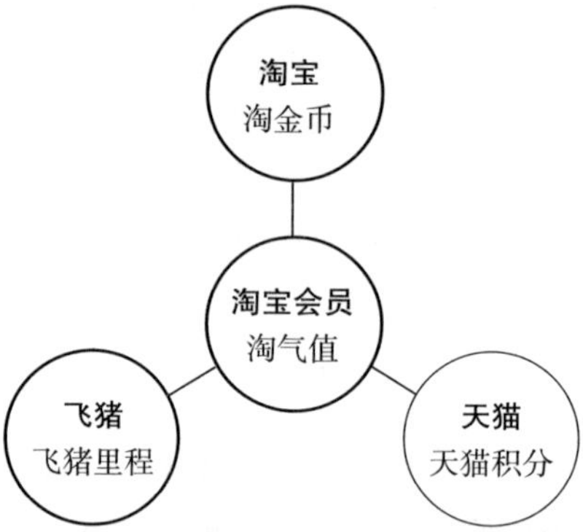

图 4–7 各个业务的内部关系

你会发现，淘气值决定了淘宝会员的级别，而淘金币、天猫积分、飞猪里程则是不同的具体业务对使用其业务的用户的单独积分奖励。

结合我们的分析，用户行为在这里有了具体的定义：用户在淘宝、天猫、飞猪的消费行为，以及用户在阿里巴巴体系内的各种相关业务行为，构成了用户淘气值算法的各个数值，通过计算这些数值得到了用户在淘宝的等级。同时，业务之间存在的差异，导致了积分的差异，因为这些积分被归属到了不同业务中。特权对应等级有一套管理机制，而积分则用于不同体系内可兑换的高级权益的消费。

在这样的体系中，淘宝设置了一个统一管理的权益池（见表4–11），让各个业务都能拥有自己的权益池和用户管理机制。

如果各个业务方能够合理规划自己的会员成长体系与权益匹配，那么就可以发挥 1+1>2 的效果。但反之，就会出现计算复杂，内部权益无法打通，各个业务线只考虑自己的业务发展，最终出现业务失衡的状况。

腾讯也有类似的体系，它有 QQ 会员及不同颜色的钻石会员（颜色对应不同业务——红钻是 QQ 秀，绿钻是音乐，黑钻是游戏等），QQ 会员对应 QQ 的增值服务，而其他钻石会员则对应腾讯旗下其他业务的增值服务。

表 4-11　不同等级会员所对应的权益

会员级别	普通会员	超级会员	A-Pass 会员
权益	购物福袋（一系列的抵扣券组合）	购物福袋（一系列的抵扣券组合）	购物福袋（一系列的抵扣券组合）
	生日权益（神秘大咖祝福）	生日权益（神秘大咖祝福）	生日权益（神秘大咖祝福）
	极速退款（系统自动退款）	极速退款（系统自动退款）	极速退款（系统自动退款）
		优悦服务（专属客服）	优悦服务（专属客服）
			一键召唤（专属 1 对 1 客服）
			退货保障卡（运费险免费投保）

所以，我们基本上可以这么认为：对于大体量的、拥有多种业务的集团公司来说，它会不同程度地采用“总—分—总”结构去构建它的会员增值服务模式。所谓“总—分—总”，就是基于所有业务打包一个总体的会员服务，各个业务自由孵化与管理自己的权益池，权益池也可以进行流动，选择归于或不归于一个统一的激励体系。

激励体系是一个涉及较广的话题，我们把这个话题留在之后的章节再进行展开。

我在前面反复提到了一个词，叫作“权益池”。什么是“权益池”？就如同它的字面意思，把各种权益组合在一起，好像一个巨大的资源池。

那么权益从哪里来？权益有两种来源：一种是自己拥有的权益，一种是自己没有但别人有的权益。

下面这个权益池来自招商银行大名鼎鼎的运通百夫长白金信用卡（见表 4–12），我们将它拆解后，就能明白权益池的构建是通过哪些手段来实现的。

表 4–12　招商银行运通百夫长白金信用卡权益池的权益来源

权益类型	权益描述
非凡旅行	•“300 精选酒店”贵宾价入住 •免费尊享全球 100 余家机场贵宾厅贵宾礼遇 •免费尊享全球租车低至 85 折优惠
健康关怀	•尊享 1 次全国 50 余家知名体检机构免费健康检查礼遇 •尊享 1 次免费口腔护理礼遇
五星商户	•免费尊享全国约 80 家五星级酒店自助餐“两人同行一人免单”礼遇 •988 元享豪华五星级酒店自助餐礼遇 •788 元享精品五星级酒店自助餐礼遇
社交运动	•尊享 12 次全国 100 余家高尔夫练习场免费练习礼遇
保险保障	•免费尊享最高 1 500 万元航空意外险 •免费尊享最高 4 000 元旅行不便险 •最高 100 万美元境外旅行及医疗援助 •免费尊享挂失前 48 小时失卡保障
积分礼遇	•生日 10 倍积分礼遇 •积分商城兑换产品优惠特权 •兑换航空里程及酒店集团积分

（续表）

权益类型	权益描述
其他	• 全能秘书服务
美国运通贵宾礼遇	• 全国 12 大城市星级酒店自助餐 / 套餐买一赠一礼遇 • 豪华邮轮服务优待礼遇 • 全球购物礼遇

这个表格中包含了 8 大类、共计 20 项权益，让我们来看一看如何获得这些权益？

1. 非凡旅行权益包

这个权益包包含了三项权益。

（1）“300 精选酒店”贵宾价入住

在优惠有效期内，持卡人可享受一年 4 次境内外酒店 + 额外 2 次境外酒店贵宾价入住间夜权益。合作酒店包括万豪、香格里拉、花间堂等豪华五星级酒店。

（2）免费尊享全球 100 余家机场贵宾厅贵宾礼遇

在权益有效期内，持卡人可尊享全球 100 余家招商银行合作机场贵宾厅不限次免费畅行礼遇，每次至多可免费携带 1 位嘉宾（嘉宾需与持卡人乘同一航班）。超伴携带嘉宾可以以 3 000 积分 / 人次兑换，或按照当地机场公告价格支付费用。

（3）免费尊享全球租车低至 85 折优惠

在权益有效期内，持卡人可尊享安飞士海外租车最高 85 折优惠，在线预订可享会员柜台快速取车服务和免费归国接机服务，数量有限，先到先得。

这三项权益都不是招商银行自己拥有的资源所直接提供的权益，而是由供应商或者合作方提供的权益。

招商银行运通百夫长白金信用卡的持卡人都是具有相当资产的高净值用户，所以，他们本来就有入住豪华五星级酒店的需求，也需要多次使用境内外的机场贵宾厅，在境外旅游也有很强烈的自驾或司机驾车的需求。招商银行实际上是以这些高净值用户为筹码，成功与合作方置换或采购了这些资源，再打包成一个旅游的权益，回馈给百夫长白金信用卡的持卡人。

2. 健康关怀权益包

这个权益包包含了两项权益。

（1）尊享1次全国50余家知名体检机构免费健康检查礼遇

在权益有效期内，持卡人享有全国20余个城市的知名体检机构免费健康检查礼遇。可以转让给亲友。

（2）尊享1次免费口腔护理礼遇

在权益有效期内，持卡人享有一次免费的口腔护理。

这两项权益也一样，也是招商银行利用高净值用户资源与合作方置换或者采购而得来的权益。

3. 五星商户

（1）免费尊享全国约80家五星级酒店自助餐“两人同行一人免单”礼遇

（2）988 元享豪华五星级酒店自助餐礼遇

（3）788 元享精品五星级酒店自助餐礼遇

这三项权益也都来自五星级酒店资源，而非来自招商银行自身的权益资源。

4. 社交运动

尊享 12 次全国 100 余家高尔夫练习场免费练习礼遇。这依然是一个招商银行凭借高净值用户资源去采购或互换的权益资源。

5. 保险保障

（1）免费尊享最高 1 500 万元航空意外险

（2）免费尊享最高 4 000 元旅行不便险

（3）最高 100 万美元境外旅行及医疗援助

（4）免费尊享挂失前 48 小时失卡保障

在这四项权益中，第四项的失卡保障权益来自招商银行的银行资源，前三项权益都是由华安、众安提供的保险权益。

6. 积分礼遇

（1）生日 10 倍积分礼遇

（2）积分商城兑换产品优惠特权

（3）兑换航空里程及酒店集团积分

前两项权益是招商银行信用卡中心的积分商城提供的积分权益，第三项权益是由合作酒店和航旅公司提供的权益。

7. 其他

全能秘书服务。这是由招商银行的呼叫中心提供的服务。

8. 美国运通贵宾礼遇

（1）全国 12 大城市星级酒店自助餐 / 套餐买一赠一礼遇

（2）豪华邮轮服务优待礼遇

（3）全球购物礼遇

这三项权益是由美国运通提供的权益。

也就是说，在这二十项权益中，有四项权益是由招商银行提供的权益，有三项权益是由美国运通提供的权益，其他权益也都是来自合作方或供应商的资源。

那么为什么合作方愿意提供这些资源呢？答案很简单。

- 银行付出了真金白银采购这些资源，来讨好自己的高净值用户。
- 这些高净值用户可以为合作方带来更多的收益，合作方愿意优先付出资源，并与银行一起服务这些用户。
- 对这些合作方来说，高净值用户使用这些服务，会有益于它们的口碑传播，或者让它们获得收益，所以，合作方愿意付出资源实现双赢或者多赢。

一句话：你拥有的高净值用户、忠诚用户越多，你能够接触与换取的资源与权益就越多。

管理好你的积分

在上一节里，我们提到了这样一个概念：在传统商业中，积分是一个虚拟货币，这个货币的价值定义由商家决定，用以奖励长期活跃的忠诚消费者。但在中国互联网领域中，积分有两种非常常见的兄弟形态。

在这一节中，我就要和大家聊一聊积分，以及围绕积分如何构建积分体系。

我们一起看一个思维导图，我接下来会围绕这个思维导图来展开这一节的内容（见图 4–8）。

积分体系包括两大模块：积分发放与积分消费。积分发放决定了积分体系的规模和存量积分成本的增速，而积分消费决定了积分体系对用户的影响力。

首先，我们需要明确产品中存在的积分是否具有价值。所谓有价值，是积分可以兑换具有实际货币价值的商品、服务或权益；所谓无价值，是积分只可以兑换虚拟的荣誉、头衔，或者限定范围内可以使用的道具等。这一节中的所有讨论都围绕有价值积分来进行。

其次，我们还需要明确，有价值积分的本质是公司欠用户的一笔债务，在财务计算中，它属于一笔计提的成本，也就是说，存量积分对应的现金成本越高，对公司就越不利，因为这意味着

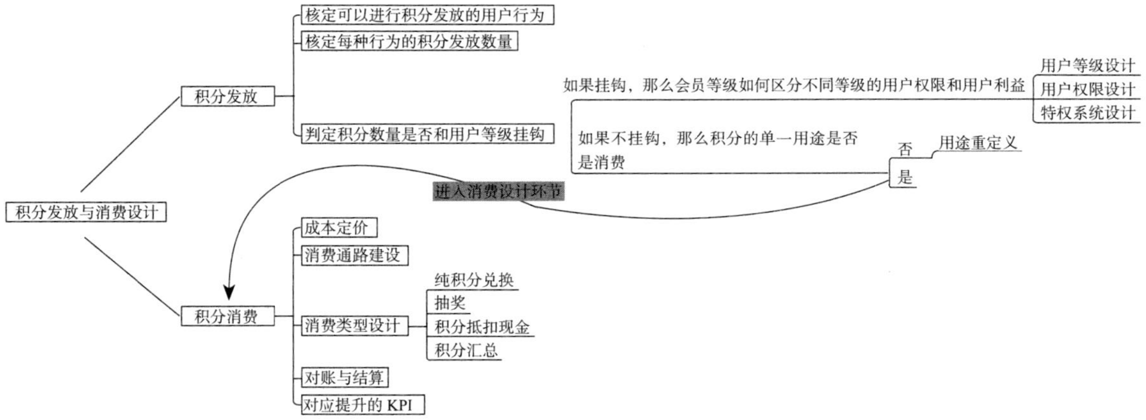

图 4-8 积分体系的思维导图

公司需要向消费者偿还高额的债务。

明确了上面两点之后，我们还应该明确另一个重点：应该为所有有价值积分设计有效期。

那么，该如何设计有效期呢？

按年度设计有效期当然是最好的方式，当年获取的积分应当只允许在当年的财务统计周期内有效，这样更便于财务上的处理。当然，出于用户体验和获取周期对应的消费水平的考虑，也可以将有效期设计为从获取之日起到次年年底，一些航空公司甚至会将有效期设置为三年（从获取之日起），这就涉及不同业务的价值判断差异了，不能一概而论。

那么，过了有效期之后，是不是只有清零积分这一条路可以选择呢？

很显然，答案是否定的，对于到期积分的处理，大概有三种方式。

方式一：到期即清零。这种方式最为多见，好处是财务清晰，到期未使用的积分直接被清除，债务也随之烟消云散，债务变成了收入，报表也好看；坏处是用户的体验不一定好，尤其是那些过去消费频繁、但因为一些原因近期不再消费的消费者的体验会很差。但这种方式非常吻合忠诚度营销的做法，即那些不再频繁消费的消费者，其忠诚度也是应当受到质疑的，所以清零这些用户积分的做法没有任何问题。

方式二：到期折算。电商多采用这种方式。到期的积分不做清零处理，而是进行折算，如半折处理。这是试图在财务和用户之间寻找折中：财务借机处理掉一部分积分债务，用户也觉得平台做得不太过分。

方式三：到期根据用户行为，进行不同程度的积分返还，对部分存在可疑行为的用户，进行清零处理。过去我在盛大网络工作时，经常采用这种方式处理积分，因为这种处理方式很简单，就是将不产生价值的用户（如平台不鼓励的黄牛）进行清除，但鼓励真实用户留存。

看到这里，你可能会有一个疑问，积分的成本有这么大吗？是不是可以不设置有效期，让用户永久拥有这些积分呢？其实是不可以的。历史上确实存在没有有效期限制的积分体系，但其最后的结局都不太好。

说到这里，我们就要谈一谈积分的成本计算问题了。关于这个问题，我相信很多读者都很困惑。我们在上面反反复复强调积分是债务，那这个债务到底具有什么性质呢？

积分成本有两种：一种是发放成本，一种是消费成本。发放成本涉及在一定的时间段内，一些应该发出去的积分按照定价价值多少的问题。消费成本就涉及当发出去的积分被消耗时，又应该按照什么价格计算其价值，完成积分定价的问题。这个定价过程分为两个阶段。

第一个阶段：确认一年内积分大盘中可以被消耗掉的积分的人民币价值。

公司 A 每年的收入为 10 亿元，利润为 5 亿元，老板同意拿出利润的 3% 作为积分的营销成本。

在上面这段话中，500 000 000 × 3%=1 500 万元，1 500 万元就是当年老板能够允许被兑现的积分价值。

但请注意，这里是价值，而不是面值。这两者有什么差别呢？举一个例子：我去泰国旅游，泰铢上印着“1 000”，这是面值，但我只要花 185 元就可兑换这个面值的泰铢，这就是我能感知到的价值；反过来，泰国人认为 185 元是面值，而 1 000 泰铢就是价值。

假设，我们按照每消费 1 元得 1 积分来算的话，10 亿元的收入就对应 10 亿发放出去的积分。这时，10 亿的单位是分，代表的是分值。

如果这 10 亿分在当年都可以被消耗掉，那么在不考虑溢价的情况下，10 亿分 = 1 500 万元。如果假设模型成立，那么积分兑人民币的比值就是 100 000：1 500，也就是 1 000 积分 =15 元，1 积分是 0.015 元。

这时你可能会欢呼雀跃地问我：“这是不是就是积分的真实成本呢？”答案是否定的，这不是积分的成本，这是一个由理想模型计算出来的成本，但并不是实际发生的成本。这个计算方法只有在积分发放的第一年且被 100% 兑换的基础上才有效，但很遗憾，这是一个极度理想的模型，这个模型通常不能成立。不能成立的原因非常简单，因为任何一个行业都没有出现过存量积分被 100% 消费的案例。因为存量积分的分布并不平均，存量积分有高有低，如 20% 的消费者可能拥有超过 80% 的积分，而在这 20% 的消费者中，可以随心所欲去兑换积分的人可能又只有 50%。所以，你可以认为这就是积分的发放成本。

此时，我们需要引入一个概念，叫作当年积分兑现率（指一年中被用户通过兑换或者任何方式兑现掉的积分占总存量积分的比例），我们假设这个当年积分兑现率是 30%。接下来，我们算一个长期的积分定价，这个定价会更接近实际的消费成本（见表 4–13）。

已知，存量积分会被带入下一年，且到第三年年底时未消费的积分会被清零（见表 4–14）。

表 4–13　积分成本占比与积分成本

时间（年）	收入 / 预测收入（万元）	利润率	积分成本占比	积分成本（万元）
2018	100 000	50%	3%	1 500
2019	120 000	50%	4%	2 400
2020	150 000	50%	5%	3 750

表 4–14 消费积分与当年剩余积分

时间（年）	发放积分总量（万分）	前一年剩余积分（万分）	消费率	消费积分（万分）	当年剩余积分（万分）
2018	100 000	0	30%	30 000	70 000
2019	120 000	70 000	30%	57 000	133 000
2020	150 000	133 000	30%	84 900	0

现在我们来算一算三年的消费积分总和。

消费积分 =30 000 + 57 000 + 84 900 = 171 900（万分）。

清零了多少积分呢？

清零积分 = 100 000 + 120 000 + 150 000–（30 000 + 57 000 + 84 900）= 198 100（万分）。

假设在这三年中，积分被全部兑换，那么积分成本又是多少呢？

积分成本 =1 500+2 400+3 750=7 650（万元）。

这时，我们再看看积分成本发生了什么变化，原先应该是 370 000 万分折合 7 650 万元，也就是 2 分钱可以兑换 1 积分，而实际消费是 171 900 积分消费了 7 650 万元，所以变成了 0.045 元兑换 1 积分。

可见，以不同的时间维度和兑换角度考量，积分的成本定价就不一样了，所以，当我们讨论积分的发放成本时，不仅需要将时间拉长，还要配合过期策略对其进行测算。

那么，我们究竟是取高值，认为 1 个积分等于 0.045 元？还是取低值，认为 1 个积分等于 0.015 元？

答案是取低值，因为兑换比例是我们的预估值，在实际业务中，由于我们并不知道是否会出现因积分超发以及其他意外情况而导致积分贬值的情况，因此我们应当谨慎地取一个低值。在上述的模型中，低值是 0.015 元，那么，它就是我们的发放成本，即每发放 1 个积分，财务就记为发出了 0.015 元。

那么消费成本又怎么算呢？

消费成本是指积分的消费价值，也就是我们常常讨论的积分到底值钱还是不值钱。

在前面的内容中，我提到其实很多高端信用卡中心是凭借自己拥有的高净值用户去商讨、采购权益，再将权益给这些用户使用。事实上，积分兑换思路也是一样的，大多数积分商城的商品都是由供应商提供的。我们知道，任何一件商品都是有供货价的，也就是采购成本，所以在通常情况下，前台展示的可兑换商品的标价 = 进货成本 × 积分兑人民币比例 × 溢价参数 A × 溢价参数 B × ……

为什么要设置溢价参数呢？

因为你需要留下打折的空间，需要考虑物流配送的成本，溢价参数就是用来抬高价格、留出成本和优惠空间的一个工具。那么，如何做溢价参数设计呢？我们来举一个实际的例子吧。

假设某笔记本电脑的商品价为 4 000 元，进货成本为 3 200 元，由此可得出，进货成本是商品价的 8 折。根据公式：

商品价 = 进货成本 × 积分兑人民币比例 × 溢价参数

我们假设溢价参数 A 为物流成本，全国配送均价为 100 元，可得出溢价参数 A = 100% + 100 ÷（3 200 + 100）× 100% = 103%。

溢价参数 B 是财务计算的税率，也就是应缴纳税款的比例。溢价参数 B=100% ×（1+ 税率）。

当然，后续可能还有溢价参数 C/D/E/F……

假设，溢价参数只有 A、B 和 C，税率为 25%，则溢价参数 B 就变成 125%。

再给一个溢价参数 C 为 120%，且 120% 是一个随机参数。

然后，积分兑人民币比例为 1：0.015。

那么，当商品上架时，价格就变成了 4 000 × 103% × 125% × 120% ÷ 0.015 = 412 000 积分。

又因为这台电脑的价格是 3 200 元，那么 3 200 × 103% × 125% ÷ 0.015 ≈ 275 000 积分（实际是 274 666.67 积分，取一个完整值）才能让公司不亏损。

这时候看看折扣：275 000 ÷ 412 000 = 0.67，也就是说，活动期间最低可以给出 67 折的价格。

回过头来，我们来看这个时候的积分消费价值到底是多少？答案是 3 200 ÷ 275 000=0.012 元，这就是积分的消费成本，即用户每消费 1 积分，其对应的人民币价格为 0.012 元。

至此，我们完成了图 4–8 的思维导图中最难的部分，因为我们做完了积分消费部分的成本定价。

那么回过头来看，积分发放包含了三个部分。

1. 核定可以进行积分发放的用户行为。

在刚才的例子里，我们就定义了一个积分获取行为，它叫作“用户进行现金消费”。事实上，因为在刚才的测算中，我们的发放成本和消费成本还有近 3 厘的盈余，所以，我们还可以利用这 3 厘的盈余设计出其他非消费行为获得的积分，譬如：签到、使用某个功能、连续打卡、邀请新用户等。只要我们最终的消费成本不超过发放成本，就可以轻松做到控制计提成本。千万不要小瞧这 3 厘，你会在接下来的分析中感受到这 3 厘的力量。

2. 核定每种行为的积分发放数量。

我们发现，当存量积分按兑换比例被消费时，兑换成本是 $0.012 \times 30\,000 = 360$ 万元。如果存量积分 100% 被兑换，那么兑换成本是 $0.012 \times 100\,000 = 1\,200$ 万元。

可是，我们当年的兑换成本是 1 500 万元啊！也就是说，即使用户把手上的积分全部兑换完，依然有 300 万元的差距？为什么？

就是上面我们说的，由于发放成本和消费成本之间还存在 3 厘的差距，所以，我们实际上多出了 300 万元预算的操作空间，而这 300 万元预算的操作空间就是我们说的可以激励用户登录、签到、使用功能的积分超发的空间。

让我们看看这部分积分是多少？居然是 300 ÷ 0.012=25 000 万分！

让我们来做一个计算，假设 10 亿收入是 100 万用户贡献的，那么这 2.5 亿积分可以多分给每个人 250 分。

这就是为什么在某些消费类产品中，还会存在每日签到送 1 积分、5 积分，以及连续签到还能积分翻倍活动的原因。第一，这是经过计算后的成本预算盈余给出的操作空间；第二，业内还没有出现过 100% 的存量积分被兑换的先例。

3. 判定积分数量是否和用户等级挂钩。

这个部分比较简单，我们在上一节里提到过，淘宝的淘气值实际上不是可用积分，而是定级积分。所谓定级积分，就是在一个比较长的时间周期内，用于换算用户行为的数值的积分。它是通过累计得出的对应用户等级的一个参考数值，通常不可以被使用，只能在系统中进行累计。但通常定级积分会映射出一个可使用的可用积分，且这部分积分的消费并不会影响定级积分的累计。

在积分数量和用户等级挂钩的这个环节中，唯一需要考虑的是，是否需要向高等级用户倾斜积分获取权益的问题（如很多信用卡为了优化用户体验，设计了用户生日当天消费可得平日的 10 倍或 20 倍积分的活动）。如果加入这一点，譬如，白金用户享有 4 倍积分的获取速度，黄金用户享有 2 倍积分的获取速度，白银用户享有 1 倍积分的获取速度，普通用户享有 0.5 倍积分的获取速度，那么整个积分成本测算体系又会随之变复杂，当然，核心计算方法是不变的。这一点毋庸置疑。

在积分消费里，我们已经解决了成本定价这个高难度问题，其他问题就好解决了。

1. 消费通路建设

这是为了解决用户的积分是通过商城还是其他方式去消费的问题，消费通路建设和消费类型设计是强相关的。

2. 消费类型设计

它是指积分可以消费的范围和使用的方法。譬如：纯积分兑换就是用户需要使用自己的积分去兑换对应的商品；积分 + 现金，就是积分可以抵扣现金，大量的交易型平台都会做这样的设计；积分汇兑就是通过一定的汇率把不同平台的积分组织起来，进行互兑互通，类似不同国家的货币兑换一样；积分抽奖就是将积分作为代币，投入奖池，按照一定的规则去获取奖品，它是消耗用户手头上的小额积分的利器。

3. 对账与结算

采购供应商商品的行为必然会形成对账与结算周期。

4. 对应提升的 KPI

这一点要从为什么构建积分体系上来看。不同的平台构建积分体系的目的并不相同，有的平台是为了提升交易，有的平台是为了提升黏性，甚至还有的平台是把它作为一个工具去调动用户行为，所以不能一概而论。

如果我们要对积分体系进行总结，那么可能一句话就够了：如果你所在的企业还没有实现盈利，那么最好不要发放有价值积分。

至此，关于有价值积分体系构建的主要内容就已经讲完了，但接下来我还需要讲讲相对来说更重要的两个内容。

- 如何刺激小额积分用户的消费
- 如何重建积分的价值体系

我来解释一下为什么要说这两个内容。如何刺激小额积分用户的消费，其实是很多积分体系在实施过程中都会遇到的比较头疼的问题。原因是积分分布不均，大多数用户手头上的存量积分相对小额，不足以兑换权益或者礼品。而积分的盘子无论有多大，都是公司需要付出的成本，且个体用户手上的积分无论有多少，将其汇集起来都能给公司造成巨大的债务压力。并且，一旦用户没有实现已有积分的兑现，就会对积分体系本身的诚信度和吸引力产生负面的影响，因此，任何一个积分体系都希望自己能够调动起用户使用积分的积极性，哪怕用户拥有的积分是小额的，也希望他们能够有应用的场景和获得较为实际的回馈。如何重建积分的价值也是很多积分体系有可能会面临的一个重大问题，这个问题的产生还要归咎到存量积分分布不均的问题上，但是它的指向是有一些高额存量积分的拥有者并不是真正的用户，而是以贩卖积分和礼品为生的黄牛，那么，一旦积分体系进入一定的规模和时期，积分体系的信用就有可能被重新建立。

对于刺激小额积分用户的消费，近几年来有很多成功的案例和有益的尝试。我把它总结为三点。

- 积分抽奖
- 有条件的小额积分兑换
- 以用户使用为手段的第三方业务体验

积分抽奖就是在一定的阶段内，可以以抽奖的方式兑换积分商城内所有或部分使用积分兑换的礼品，进而达到消耗积分存量的目的。譬如，10 个积分可以抽一台手机，并约定时间或规则开奖。

我们在第三章提到的夺宝类产品设计就符合这类使用场景。基于一个公平且合理的开奖规则，用户被吸引前往抽奖，将自己的小额存量积分进行兑换，从而实现企业无兑现成本或低兑现成本地消耗用户积分的目标。

举个例子，一台市场价值 4 000 元的电脑，我们在前面已经测算出它的商品价为 412 000 积分，如果用户的存量积分足够，就可以用 412 000 积分进行兑换。但如果用户的存量积分不足，那么用户就会有两种选择：一种是降低积分的额度但增加现金支付的比重，譬如，用户可以使用 2 000 元加上 206 000 积分进行“积分 + 现金”的组合支付；另一种是设置一个抽奖活动，每个用户都可以单次投入一定数量的积分进行抽奖，之后将价值为 412 000 积分的电脑赠送给中奖用户。

假设，用户单次可以使用 10 个积分购买抽奖券，并且，不限制每个用户购买抽奖券的数量，同时，当奖池的奖券对应的积分达到 412 000 积分的总盘子时，就抽出一台电脑作为奖品，也就是需要 41 200 张奖券才能抽出一台电脑。那么，这个抽奖活动能够激活的拥有小额积分的用户人数最多可以是 41 200 人。由此，我们就发现，激活单位用户的成本最低为 4 000 ÷ 41 200 = 0.097 元。

这样的激活成本是不是非常低？但如此低的成本又可以激活如此巨大的用户量，符合了积分体系主体希望小额存量积分用户使用积分的诉求。

多年前，招商银行信用卡就推出了“有条件地小额积分兑换”的活动：9 积分兑换 DQ 冰激凌，18 积分叠加 18 元可兑换爱奇艺的 60 天黄金会员，99 积分兑换航空意外险……诸如此类。

所谓有条件，无非是从限时、限量上下功夫。限时，就是限制使用的时间；限量，就是限制兑换的数量。这样的玩儿法不仅能够激发小额积分拥有者兑换积分的热情，同时又能帮银行识别消费者对哪些领域感兴趣，便于银行更好地去做合作资源洽谈。

至于“以用户使用为手段的第三方业务体验”，就更容易理解了。大家还记得我们在前文中提到的很多会员体系的权益都是以“用户”去置换或者采购的。

把这种玩儿法延伸到积分体系里也是成立的，并且从这个角度看，积分体系的拥有者反而成了流量的分发者，合作商甚至需要付费来获得在积分体系中对用户展示自己业务端口的机会。

快的在还没有被滴滴合并前打造的积分商城，就是这种玩儿法最具体的展现。

快的的积分商城会摆放各种合作商户的优惠券和专属福利，快的的用户可以用积分来兑换这些优惠券和专属福利。

在这个场景下，积分体系的用户群成了合作商户获得收益的用户基盘，而通过这些人群的使用，合作商户不但能够获得收益，也能够收割口碑。所以是一举两得的做法。

讨论完小额积分的激活与兑换，接下来看看如何重建积分的价值体系。

刚才已经提到，重建积分的价值体系是为了不受黄牛等非忠诚客户对积分的负面影响——大量积分和积分兑换的礼品在地下流通，损害了积分体系和供应商的利益，因此，有些积分体系会经历重新构建的过程。对于这一点，我有以下看法，希望我的看法能对你有一些启发。

首先，所有积分体系的重建都会经历两个过程：第一个过程是对原有积分的处理，第二个过程是新积分的确立。

对于这两个过程，第一个过程的关键词是“平滑”，第二个过程的关键词是“价值”。

其次，完成这两个过程都不是一蹴而就的，而是需要时间的。这里说的时间有两层含义：第一层含义是从宣布已有积分失去效力到新积分产生，要有明确的时间表，譬如，至少提前 3 个月告知用户其已有积分将失去效力，新的积分体系从某一个节点上线，新老积分的交替需要有一个缓冲期；第二层含义是缓冲过后，新积分的信用确立需要时间来完成，并且信用确立的时间并不是新积分的上线时间，而是要经过一段时间来让用户对其产生信赖。

最后，即便积分体系做得非常细致，也依然有可能在这个过程中遭遇不同程度的原有客户的流失，但无论流失的情况有多么严重，这都是为替代老的积分体系所付出的代价，同时也是让新的积分体系变好的过程。

接下来，我们具体分析一下完成这两个过程涉及的问题及处理方法。

对于原有积分的处理，我们需要遵循“清理无价值，保护真用户”的原则。如果原有的积分体系内存在严重的黄牛党，并且这些黄牛并不能对业务产生价值，那么就要毫不犹豫地进行清理。

我们有很多清理方式。譬如：为黄牛打上标签，限制其变现能力，同时为真实有价值用户打上标签，鼓励其获取与使用积分；在已有积分的失效期前，带动真实用户使用积分的积极性；运用技术手段让新老积分替换的补偿方案向真实用户倾斜，倾斜的力度可以根据实际的情况来做调整，譬如最大限度地对黄牛手上的积分进行清零处理，而最大限度地对真实用户的积分进行保留甚至升值，从而将过去的积分替换成新积分。

对于新积分的处理，我们需要遵循“严格的价值判定”和“全新的使用场景”的原则，即从新积分的成本测算开始就严格规定其价值，限制超发和不当获取的空间，在消费端口开放一些全新的积分使用场景，让真实用户认为这样的转换是必要的，是很有价值的。

之所以出现“通货膨胀”，无非是因积分发放的规划不合理而导致超发，让用户认为“积分不值钱”，或者是积分缺乏广泛的使用场景，自己手上的积分无处消费，有一种被积分体系戏弄的感觉。

我们总结一下，对于积分体系，我们的思考方法是从积分发放和积分消费两端进行思考，结合会员体系去拟定积分的发放和消费策略。

通过与财务进行细致沟通，利用用户的行为数据进行积分成本的测算和定义。

通过估算一段时间内的存量积分体量和覆盖的用户范围，去做具有针对性的兑换选品和商品定价，再通过定义积分有效期，适时减少过期但未使用的存量积分。

通过合理设计小额积分的使用场景，使更多的用户体验到积分的价值。

当不得不重新建立积分体系时，公司应提前告知用户，并给予用户适当的补偿。

第五章

从执行到管理

执行与管理的区别

假设你已经做了 3 年一线运营的工作，有一天，领导找你谈话："经领导同意，从下个月开始你升任内容运营小组的负责人。你要认真做啊！"

听到这个消息之后，你非常开心，3 年的努力终于有了回报，你终于要从一个奋战在一线的员工变成一位领导了。

但是，要如何做一位领导呢？

这里就要聊一聊从单纯的执行者到管理者的角色转变，我认为大多数一线运营人终将进入这个阶段，或早或晚而已。

一说到执行和管理，有人就会认为，执行比管理要低几个层次，但他们却忘了大多数管理者都是由执行者一步步晋升而来的。

没有做过执行者，却能够跨级管理的人真的是凤毛麟角。

执行者是不需要进行大量的思考与权衡的，做一名优秀执行者的要义就是“快速且不打折扣地完成领导布置的任务”。

因此，作为一名执行者，他的工作要点实际只有三个字：快、准、狠。“快”是指收到任务时，他就应该迅速行动，尽快将任务完成；“准”是指在执行任务的过程中，他所做的一切动作都要符合规律与预期，尽量标准且不犯错误；“狠”则是他能够不打折扣地达成任务设置的目标，甚至超出预期。所以，快、准、狠是成为一名优秀执行者的必备三要素。

我相信在读者中，也一定有做不到这三点的人，甚至有的人连第一点“快”都不能百分之百做到。

对执行者要求快、准、狠是为了确保管理者在下发任务后，执行者可以快速、有效地完成这个任务，因为互联网本身就是一个极不稳定的环境，变化迅速，如果一个任务不能被快速完成，那么它的目标实现就会存在很多变数。

通常情况下，不论你做到了什么职位，执行都是你不得不研究的课题。

作为一名基层运营人，你需要执行主管交付的任务；作为一名主管，你需要执行部门经理交付的任务；作为一名部门经理，你需要执行总监交付的任务；作为一名总监，你需要执行副总裁、CEO（首席执行官）和 COO 交付的任务（见图 5–1）。

图 5–1　运营人的成长路线

运营人有自己的成长路线，一名运营人在工作的前三年，通常都是做基础的执行工作，也就是他只需不假思索地按照标准动作去完成任务。而三年后，运营人的成长开始出现分歧，有些人开始成为其所在小组的骨干，甚至逐步开始接触管理职责；而有些人则开始进行更新一层的“升级打怪”，去执行更为复杂甚至需要仔细思考才能完成的任务。如果一名运营人已经工作了 7 年以上，却还没有踏足管理岗位，那么只有两种可能：其一，他非常热爱一线，不愿意脱离一线，所以放弃了管理方向；其二，他的能力不足以成为一位领导，于是他只能继续在一线奋斗。不论原因是什么，他都会在工作中遇到“管理”问题。

在工作中，我常和下属说：“作为你们的领导，我希望你们不是把我当成保姆，而是看作资源。不论是为了个人成长还是推进业务，当你已全力以赴却实在无能为力时 ，一定要来寻求我的帮助和支持。”

领导并非高人一等，事实上，有时领导宁愿做执行者。因为作为执行者，你就只需要为个人项目、模块结果负责；但作为管理者，你就需要为整个团队的业绩负责。我们可以将下面这两份职位描述做一个对比，分析一下执行者和管理者的差别究竟在哪里。

某公司高级运营经理

职位描述：

1. 负责运营团队的组织管理工作，包括全年目标制定、阶段性 KPI 跟踪、创新运营方法设计等；

2. 主要负责活动运营、用户运营工作，专注于销量提升和用户活跃，并根据阶段性 KPI 要求，完成运营方案的规划、输出和落地；

3. 跟踪运营数据效果，定期完成基于销量和用户增长的分析报告并制订方案，主动驱动运营产品化、产品功能和用户体验优化；

4. 负责一部分站内内容运营、社区运营等工作，提升网站 /APP 日活，提升用户黏性。

任职资格：

1. 本科及以上学历；

2. **三年及以上同岗位工作经验**，了解互联网金融用户需求，有互联网金融产品运营经验者为佳；

3. 思路清晰，有良好的沟通能力及执行力，有数据分析或活动运营工作经历者优先；

4. 具备良好的客户服务意识，能够承受工作压力，对待工作有精益求精的精神；

5. 较强的学习能力和自省能力。

同公司高级活动运营

职位描述：

1. 负责整站内容运营的规划和执行落地，调动一切可用资源产出优质内容，能够创新内容，提升整站用户的黏性；

2. 制订各类活动策划并执行落地，对活动效果负责；

3. 通过输出好的内容，提升品牌认知，为网站引流；

4. 优化现有网站内容，善于发现问题，解决问题；

5. 将长期的任务项目化，定期输出结果，并为项目效果负责。

任职资格：

1. **具有五年以上电商运营经验**，有扎实的基础和经验，具备独立规划和落地推动的能力；

2. 熟悉电商内部和外部的推广渠道及推广方式；

3. 熟练使用 Office（微软推出的办公软件）文档，精通 Excel（电子表格软件）、PPT（演示文稿软件）；

4. 较强的数据分析能力和沟通能力；

5. 具有较高的文案撰写能力。

我把他们职能中最大的不同加粗标识出来了。你会发现，最大的不同是管理者一定肩负着带领团队、提升关键绩效指标的职责，并为组织的结果负责，而执行者只要去做好分配给自己的工作，达成目标就好。

而另一个隐含的不同是，对于一家公司来说，培养管理者的最佳方案要么是自己培养，要么是一个相对成熟的职业人跳槽平移——正是因为有“同岗位经验”的要求，所以才更加凸显公司对培养内部人才的需求是相当高的。

我和一些从基层做到管理的朋友讨论过这个问题，大家一致认为做执行者要比做管理者轻松很多。

因为执行者只要确保将自己接到的任务执行到位并取得结果就可以。而管理者要更多地考虑如何培养团队成员，如何提升团队效率，如何照顾团队成员的情绪并激发他们持续工作的热情，最后，还要对更高一级领导负责。所以，管理者需要做很多功课，其工作的难度远远超过了原先做执行者时的工作难度。

当你有机会坐上主管或经理的位置，且这个部门中至少有一个人是听你的安排做事并向你汇报工作时，那么恭喜你，你已经成了一名管理者。不论这个团队有多小，管理者永远是那个带领团队的人。

公司有处于不同位置的管理者，如董事会管理 CEO，CEO 管理各个副总裁，副总裁们管理各个事业部总监，事业部总监们管理各个部门的员工等，以此类推。

我初出茅庐的时候，总以自己的职位后面有“经理”甚至“总”这样的称呼而骄傲，因为从世俗的角度来看，有这样的称呼就意味着自己并不是一名执行者，而是一名管理者。后来我才发现，管理者本身也是分层次的，而且管理者有更多的烦恼，有时候远不如执行者开心，执行者只需要取得工作结果，可管理者除了关心结果之外，还要关心很多其他事情，诸如士气、状态，谁该晋升了，谁离职风险增加了，留人还是不留人，等等。

如果做好执行者的关键词是快、准、狠，那么做好管理者的关键词就是信任、授权、担当。

信任，是要信任你的下属，信任你的团队，只有你交付你的信任，下属才会信任你。

授权，是不要自己去做所有决策，而是要通过分层决策的机制，让不同的人处理不同级别的决策，并确保这些人依据决策完整执行。

担当，是要对团队的决策和成绩负责，无论结果如何，管理者都不可以只享受福利却不承担责任。团队决策失误所导致的错误、无法完成指标所带来的损失等，都需要管理者对其负责，并且，当下属需要资源支持的时候，管理者要站出来给予下属足够的支持。

对于运营的管理者来说，我想提几个注意事项，分别对应上面的三个关键词。

1. 日常沟通多用“我们”，而不是“你、我、他”。

在团队里，请谨慎使用“你”“我”这样的字眼，多用“我们”，不仅仅是嘴上要说“我们”，心里也一定要想着“我们”。

虽然“我”与“我们”只差一个字，但这一个字会成为很多事情的阻碍。

优秀的管理者应该用行动换取下属尊重，与下属同进退，对下属遇到的问题和困难，能够感同身受，有同理心。

如果不是这样，那么团队间的信任就很难达成。

你可以回想一下，在你还是执行者的时候，你最厌恶什么样的主管或者更高级别的领导？是不是那些只是擅长指挥，但从来不“体恤民情”，不知道下属究竟有哪些困难，也从不会和下属站在一起为下属解决问题的领导？

管理者必须有一个基本的认知：不论团队最终获得的结果是好是坏，都一定是管理者和执行者共享的结果。也就是俗话说的“有福同享，有难同当”。

所以，如果你是一个管理者，或者即将成为一个管理者，那么我希望你在分配工作时，一定不要说“我”认为你应该做什么，而是说“我”认为“我们”一起可以做什么。

2. 给予下属充分的授权。

有人会说，这是一句空话，因为即使管理者给予了下属充分的授权，也不得不为下属的工作操心。

这是没错的，因为即便做了分层决策，管理者依然要操心下属做出的最终决策是否合理，但是，管理者一定不要越过下属来做最终决策。

我必须要强调的是，管理者给予下属授权后，不论下属如何利用授权，管理者的管理责任都是无法逃避的。

也就是说，如果你给了下属授权，哪怕下属的决策错得离谱，那么你也必须对结果负责，你需要承担因下属决策失误而带来的所有后果。

盛大有一个决策树：有数据时，数据大于一切，由数据来提供决策；没有数据时，逻辑大于一切，用逻辑来解决决策上的问题；如果既没有数据也没有逻辑，那么由管理者来做负责任的独裁。

我相信大多数管理者都会认同这个决策树，而在这个决策树中，管理者处于最末尾的位置。

也就是说，如果执行者能够通过数据表现和逻辑基础来进行决策，那么管理者就应该充分信任并授权执行者来做他工作范围内的决策，并为他的决策负责。

3. 功劳永远属于执行者。

也许你是一个很好的管理者，你的团队成员也拥有很好的素质和能力，他们总能给你漂亮的成果。但是，不论其他人如何羡慕、崇拜、谄媚地和你说：“××，你真厉害，可以带出这样的团

队 / 获得这样的成果。”此时请你千万记住，你要将一切功劳给予你的下属，因为这些成果的获得都是依靠他们的努力。

我相信每一个执行者在职业生涯中，都至少遇见过一次不靠谱的管理者，他们总是将下属的业绩归为自己的业绩，总是将下属的努力美化成自己的工作成果，而他们的“工作”往往只是上网、打游戏、看电影和开会。

对于这样的管理者，我相信他手下的每一个团队成员，都会渴望有朝一日可以取代他。

所以，如何成为一个让执行者信赖、愿意陪伴和愿意奉献激情与智慧的管理者，是每一个从执行走到管理岗位上的运营人都必须要考虑的问题。

对此，我可以补充一些我个人的体会。

- 永远不要脱离一线。因为作为管理者，你必须更加敏锐地追随运营的潮流，每一天都有新的玩儿法会出现，每分钟都有新的用户会加入，你必须时刻保持对运营的敏感、对用户的敏感和对数据的敏感，因为只有这样，你才能在管理中做好带路的人，而不是做一个指挥棒。
- 信任是一切合作的基础。管理者与执行者之间的关系依然是合作关系，所以信任是必须要解决的问题。解决信任问题有很多种方法，重点是要“因材施教”，不同的执行者有不同的个性、特点，正面激励和负面激励都只是手段，而不是目的。最核心的方法依然是具有同理心、多沟通、用行动来换取别人对你的信任。这可能是所有管理者都要面临的问题。

每一个执行者都有机会进入管理者的行列，希望当你进入管理者的行列时，不要成为你作为执行者时内心最痛恨的那种管理者。

思维跨越与上万种解法

运营策略和运营规划是大多数互联网运营人不会讨论的话题，因为只有真正的高阶运营人才会关注这两个话题。当你成为一位管理者时，你需要经历思维上的跨越，这种跨越表现在多个层面。

- 从运营落地的具体细节上升到运营策略的提炼
- 从自己执行到带领团队执行
- 从自己获取结果到教会别人获取结果的方法

这些层面围绕战略、策略、战术展开，所以我们要清楚战略、策略与战术的区别。

雷军曾说："不要用战术上的勤奋来掩盖战略上的懒惰。"

通常，战略解决的是方向问题，解决的是"为什么要做这个而不做那个"的问题；策略解决的是"我们要做什么才能达成设计好的目标"的问题；而战术则是解决"对于这些可以达成目标的事情，我们具体应该怎么去做"的问题。

所以，策略是指在一个比较长的周期内，或者在从开始到结束的完整过程中，为了实现某一个目标而预先针对不同的问题假设去指定的一系列应对方案，并且在实践过程中，根据实际的形势发展和变化不停地选择、调整甚至制订新的方案来确保目标达成的一系列的思考、计划的方法。

请注意其中的关键词。

1. 目标

策略是依据"目标"去配置达成目标所需的条件。

如果仅仅是为了做一个动作而去设计和展开，那么就不能称它为策略，而仅仅是战术、方案或手段。

2. 过程

策略是在"过程"中产生、发展、选择以及变化的。

如果策略本身不考虑"过程"里的要素变化，那么只能称其为方法，而不能称其为策略。

3. 调整

策略是可以调整的，因为策略是在不同阶段，为了应对目标达成过程中可能发生的各种问题而产生的方案。

所以，策略是可变的，是需要根据实际情况去调整和改变的。

譬如，王老板制定了一个战略方向，他说："今年大菠萝公司要进入一个新的细分领域，并在五年内深耕该细分领域，成为老大。"为了实现这个战略，公司的高管们依次和老板确认了各自的配套策略和具体打法。

产品负责人表示："产品部门的策略是做好用的产品。具体的战术是认真分析用户的需求并进行竞品调研，做出令目标用户满意的产品，通过快速迭代的方式来逐步夯实产品在该细分领域的竞争优势。"

市场负责人表示："市场部门的策略是尽量快及尽量多地获取精准流量。具体的战术是先找到流量源，对其持续投入，再对其进行详尽的数据分析，找到令投资回报率最低且能够持续获得精准流量的方法。"

老板需要考虑的是，如果公司在五年内成为该细分领域的老大，那么公司高管和中层在第一年应该达成的目标是什么？后续的计划又应该是什么？老板需要对这些问题进行分解，分解的目的是为了阶段性地给予执行者明确的目标感，从而确保各个阶段的执行情况与目标一致。

具体到运营环节，首先应该考虑的是在整个公司结构中，运营团队或者运营部门的职责是什么？

举个例子。K12 领域广泛采用的模型是一个公司里有市场部、销售部、师资部、教研部、运营部、产品部和研发部这些团队角色。市场部负责提供销售线索，销售部负责签单，师资部要优选出在线上服务的老师，教研部去做教材研究、课件制作，产品部和研发部负责基础设施，那么运营部需要做什么呢？

事实上，如果这家公司处于扩张期，重视现金流，那么其核心架构就是从销售到师资的供应链体系，只要销售部能大量签单，师资部有足够的老师可以提供课程服务，这个链条就不会出问题，整个公司的业务就会正向发展。

而在这个阶段，运营部的工作并不多。市场部负责重要工作，因为市场部需要大量获取销售线索，为销售部提供可转化签单的潜在用户。

但是，当这家公司从扩张期进入平稳期时，现金流可能就不再是它最关注的部分，它最关注的部分变成了确认收入——众所周知，大多数 K12 公司的收入均来自用户的预存账款。

运营部在平稳期的价值会逐渐得到体现。如何加速用户的课时消耗，让确认收入更快完成，就是运营部的工作范畴。

所以，在扩张期，运营部可能和产品部、研发部一样，专注于基础设施建设，但到了平稳期，运营部就要利用基础设施，为确认收入服务。

我们换一个行业来分析。网络游戏公司通常配备产品经理、研发员、市场公关、运营人、策划人等职位。策划人的职能非常复杂，有剧情、关卡、数值等分工，可以说，游戏好不好玩儿，就看策划人的功力；研发员负责把策划的想法变成现实；产品经理需要带领设计团队工作，甚至就是产品线的负责人；市场公关负责宣发、拓宽渠道；而运营人则负责变现收入。

所以，当你成为一名管理者时，你需要考虑的事情会因你的职位不同而有所不同。如果你是整个运营部的负责人——运营副总裁、运营总监，那么你要考虑的就是运营部在整个公司中的定位，因为这直接影响到运营部的产出方向；如果你是运营部下属一个分部门的负责人，譬如高级经理，那么你要考虑的就是这个分部门在整个运营部中的定位，因为这直接影响到分部门的产出方向。

在不同的情境、资源下，不同的管理角色需要投入不同的精力来应对不同的事情。作为一名主管、经理，你需要考虑的是自己所负责的产品线的运营状况、资源配比和预算产出；作为一名总监、副总裁，你需要考虑的是整个事业部对应的产品线的运营状况、资源配比和预算产出。

在这个层面上，我们很难展开去讨论不同级别的岗位在不同的事务上应该投入多少精力或者使用什么方法，因此我想换一个角度，具体说三件事。

- 如何面试候选人
- 如何开会
- 如何制定目标与策略

如何面试候选人

面试候选人的方法是有套路的，我把这个套路分为三部分：面试礼仪、面试技巧和评价方法。

在面试礼仪环节，又包含面试开始前、面试中和面试结束后三个阶段，你需要在这三个阶段中掌握不同的礼仪。在面试开始前，你应当先做简单的自我介绍，让候选人对你的身份有所了解；在面试中，你应当尽可能地倾听候选人的表述，根据不同候选人展现出来的特质决定面试的节奏与走向。通常来说，整个面试时间不建议过短或过长，我个人的经验是面试过程持续 30~45 分钟是一个比较合适的时间；面试结束后，你应该就面试情况做简单总结，并亲自将候选人送到公司门口。

我这样建议自有原因。

首先，自我介绍环节有助于让候选人放松下来，并增进彼此间的了解，一方面面试官可以对候选人接下来的面试表现做简单的预测，另一方面也便于候选人判断自己在面试过程中的表述范围。

其次，面试需要控制节奏与时间，如果时间过短，可能就不能对候选人有全面而准确的认识；如果时间过长，就会影响候选人的状态，甚至让候选人和自身感觉疲劳。

面试结束后，不论评判的结论如何，都应该有一个令双方感到舒服的结束，因为尊重他人是基本礼仪。

那么，对面试官来说，需要掌握的面试技巧有哪些呢？简单来说，就是听和问。

听什么？听候选人在讲述自己过往经历时的逻辑、思考过程，对结果的判断与复盘的合理性。

问什么？问细节、问角色和问反思。

我相信很多人在听的环节没有什么问题，大概都能听得进去，但在问的环节其实是有一些窍门的。譬如，候选人说自己在上一家公司做出了一系列的业绩，完成了很多项目，那么作为面试官，你首先要问候选人："在这些业绩和项目中，你的角色是什么？你如何履行自己的职责？你如何去推进整个工作的节奏以获得结果？"

问就要问到细节层面，因为如果候选人撒谎，他就很难还原细节。

那么，是否候选人对细节的表述越清楚，就表明他的经历越真实呢？也不一定，因为现在有些候选人会去专门的机构提前做面试培训，那么面试官不妨问些其他问题。譬如，如何评价自己，职业规划是什么，如何分析自己的优劣势，如何推导结论，等等，面试官可以通过这些问题的答案去核查候选人的经历。

面试官在问完自己关心的问题后，也应该引导候选人提问。候选人提出的问题通常代表他所关心的方向。

最后，我们讲讲评价方法。我们需要多维度地评价一个人。但是，我们往往容易陷入一个误区：只关注候选人本身，却不考虑候选人是否适合在招的工作岗位。产生这个误区的原因只有一个：不明确自己的需求，只是单纯地认为候选人很优秀。所以，我们在启动招聘工作前，一定要知道我们需要什么样的候选人来帮助业务成长，并且始终以这个岗位的需求来判断候选人的价值，即使候选人很优秀，但和岗位的兼容性不够好，也必须舍弃。

如何开会

开会是一个很有意思的话题，我想和你分享的不是如何举办一场会议，而是如何让会议更有效率。

首先，除非会议的议题实在很多，否则，会议的时长都建议控制在 1 个小时之内。

其次，会议的重点不是回顾前一段时间的各种工作内容，而是讨论近期重要的数据变化和对后续工作的思考。

这里需要做一个重点解释。我看过太多讨论具体工作内容的会议，其实工作内容本身并不值得开会讨论，重点是做了这么多工作之后有哪些成效。如果有成效，那么由此总结出来的宝贵经验是什么，这些才是应该在开会时与大家分享的内容；如果没有成效，那么判断一下在这个过程中遇到的问题可能是什么，大家一起讨论解决方案，并立即着手去做。

一个高效的会议必然是有“作业”的，而每一次会议回顾的其实都是上一次的作业做得怎么样。因此，每一个运营条线的负责人都要带着问题和思考来开会。举一个例子。有人问：“最近这段时间，我们做了一些工作，但是效果可能未达预期，我需要大家来帮我思考解决的方式、方法。”另一个人回答：“我倒是有一些方式、方法上的思路，大家来看有没有什么可以完善的地方，又或者也许我的思考路径错了，大家帮我指出来，让我找到更有效的路径。”

只有这样的会议才有价值。

同时，不建议把所有的事情都安排在会议上解决，随时遇到问题，随时沟通，随时制订方案，并快速尝试，得到结论，这才是运营人做事情的方法。

如何制定目标与策略

我需要在这里明确指出，有时我们身上背负的 KPI 只是表象，它的完成其实依赖于非 KPI 的完成。

有一个朋友做了一个针对特定人群的知识付费产品，并且顺利获得了投资，然后他给我看产品数据，希望我帮他找出问题。

我看到月-月的环比数据非常漂亮，于是我很困惑，不知有何问题。

朋友："我很担心这种数据的增长能够维持多久，因为我不知道自己的数据该如何增长？"

我："我们先做一个拆解，告诉我你现在最关注的指标是什么？"

朋友："我最关注的是课程销量指标。"

我："那平时团队成员们关注的指标是这个指标本身吗？"

朋友："是的。"

我："你错了！我知道你在苦恼什么了。"

我们来拆解一下。

课程销量指标其实是一个销售额指标，我们都知道：

销售额 = 订单数 × 客单价

所以，提升销售额的方法是要么提升订单数，要么提升客单价。

对知识付费产品来说，除非选题、讲者有比较大的变化，否则，客单价是一个短期相对稳定的指标，那么需要关注的就只有订单数了。订单数是怎么来的呢？

一段时间内的订单数 = 这段时间的首次订单数 + 这段时间的复购订单数

一段时间内的首次订单数 = 这段时间的访问用户数 × 首单转化率

一段时间内的复购订单数＝这段时间的首单用户数 × 复购转化率

而要促成访问用户完成首单支付，可能的影响因子如下。

- 课程介绍对用户是否有吸引力，包括课程内容、讲师阵容等。
- 支付流程是否足够便利。
- 课程价格是否足够有竞争力。

要促成已完成首单的用户再次购买，可能的影响因子如下。

- 已购买用户的完课率。
- 课程质量是否足够高。

于是，我给了他第一个建议："假设在一段时间内，你的流量不会有大幅度增加，那么你就要考虑是否有可能提高首单转化率和复购转化率？"第二个建议："你有没有可能快速地找到一个增加访问用户量的方法？"如果这两个问题都能被解决，那么对这位朋友来说，就不用担心课程销量指标的增长问题了。

所以，这位朋友应该关注的指标不是课程销量这个核心指标，而是以下三个关键指标。

- 每日的访问用户数

- 首单转化率
- 复购转化率

朋友彻底明白了。但如何确保执行者能够执行到位呢？具体的策略是什么？

将这三个关键指标分开来看，运营团队需要考虑三个策略。

- 如何持续找到用户并让用户成为进入产品的流量，这是引流策略。
- 如何充分利用现有的内容让进入产品的流量尽快完成第一单的购买，这是促首单策略。
- 如何让已经有首单购买记录的用户尽快完成第二次购买，这是促复购策略。

这三个策略与你的关键绩效指标是紧密相关的。

但是，你还需要考虑另外两件事，即使它们看起来与你的关键绩效指标并不相关，或者没那么相关。

- 后续课程设计的速度与上新周期的关系。你需要确定后续内容的生产速度和数量，并把所有购买用户纳入监测范围内。这么做可以帮助你清楚地知道你的内容生产速度是否跟得上用户的消费速度，并有助于你随时调节产能至最优。

- 已购用户的完课率数据。你需要在用户消费内容的节点上设计一些可以让他们去做分享的动作。

其实，分享具体策略的意义并不大，原因是与不同产品相对应的策略并不能被复制。制定有效的策略需要结合实际的产品和用户的情况。

需要说明的是，策略永远不是凭空想象的，每一个策略背后都有从假设到验证的循环过程，最终结果或许会证明策略是正确的，也或许会证明策略是错误的，但如果一个策略无法被验证，那么它一定是一个有问题的策略。

运营人的职业规划

在最后一节中，我想和大家讨论的是一个看起来没那么要紧却和每个人都息息相关的问题，它就是职业规划。

也许你很好奇，为什么我要谈职业规划？

真实的情况是，因为我是职业规划的受益者，而似乎我接触的很多人都对职业规划没有那么重视。

这让我觉得很有必要和大家讨论一下这个话题。

首先，职业规划不仅仅是对职业生涯的规划，还有对人生的规划。

我们会开玩笑说工作的目的就是为了不工作。

这其实就是职业规划中的目标制定——为了有朝一日不用工作，所以我们需要努力工作。如果我们继续扩充它，如我们希望通过多久的工作时长实现不工作的目标，那么它就已经开始进入了职业规划的范围。

在我 22 岁的时候，为了说服我太太，我对我的职业生涯做了一次规划。

- 22 岁入行。
- 25 岁成为项目经理（2005 年入行的我并不知道什么是产品经理），并进入一家大公司成为骨干。
- 30 岁前能够成为这家大公司的主管或者经理。
- 35 岁前成为小公司的总监，或者大公司的高级经理。
- 40 岁前不论身在大公司还是小公司，都可以成为总监或者副总裁。
- 45 岁前成为 CEO，或者拥有自己的公司，或者退休。

当时我和太太说这个规划的时候，她是不相信的，理由很简单：学音乐教育的人，没有专业背景，凭什么可以在互联网行业生存下来，并且实现这些目标呢？而答案就是，凭借主动分解每一个目标背后所需要的条件来实现目标。

那么结果怎么样呢？25 岁的目标在 24 岁实现了，40 岁的目标在 32 岁实现了。

那么，对于每一个初入职场的年轻的运营人来说，要怎样去做自己的职业规划呢？我有一些建议与你分享。

首先，你应该对行业有一个基本的了解，但不要被各种行业内的规则限制了自己的从业方向。运营是一个对综合能力的要求非常高的岗位，就国内的就业环境来说，由于还没有形成对运营岗位的标准化定义，所以，现阶段的运营工作依然非常繁杂。

如果你仔细阅读了前文，那么你会发现，不论在哪个行业负责哪方面的运营，有什么样的头衔，运营人永远都需要思考如何获得用户，如何活跃用户，如何运营自己的目标用户群体。所以，运营人都需要认知人性，掌握方法论。而针对不同行业的运营工作，其复杂度和着眼点会有不同。

也就是说，不论你是新媒体编辑入行、活动策划入行还是用户运营入行，你都要清楚怎么写文案、如何做活动、如何激励用户和如何分析数据。这也是为什么我从不讨论不同的运营岗位具体要做什么事，而是告诉大家，不管你处于什么岗位，有些事你都要做。

其次，要给自己设立短期和长期的职业发展目标。和运营工作一样，职业规划也要有清晰的目标。有了目标之后，才能拆解目标。譬如，“用 3 年时间成为主管”这是一个目标，但这个目标背后是有达成目标的要素或者条件存在的。如果我们没有设立这个目标，就自然无从谈起达成目标的要素或条件了。

有了目标之后，你就要多看职位描述的要求，再衡量自己当前的能力情况，明确需要努力优化和提高的方向。

再次，要定期复盘和反思自己为实现目标而准备的要素和条件的完备情况。也就是说，设立目标、明确要素和条件之后，不是闷头去做就好，而是要有一个定期复盘和反思的机制。这和我们平时的工作一样，我们会每个季度、每个月、每周甚至每天去复盘自己的进度达标情况，职业规划的落地一样需要这样的机制。譬如，每半年把自己设立的目标职位的职位描述拿出来再对比一下，看看自己的进步情况，是否需要调整方向，是否需要改进条件。

最后，要坚持以上的所有动作，直到你达成最后的职业目标。

运营人对我提出的这些建议一定不陌生，因为运营工作就是这么做的，时时回顾、经常复盘、不断对焦、持续优化，直至目标最后实现。

不要轻易否定自己对职业生涯的规划，也不要随波逐流听信任何对运营职位的未来发展的判断。因为单一的职位发展好不好，其实和我们自身的关系并没有那么大，但如果我们自己的能力真的得到了提升，那么我们就有机会挑战职位本身发展的阶段和趋势。

接着，我想和大家分享关于创业与就业、大公司与小公司的选择问题。我个人并不建议大家一毕业就创业。不论是在我的公众号上，还是过去和一些朋友的交流中（无论线上还是线下），我的立场都是明确的——不建议大家轻易选择创业。

创业是一个对人的综合素质要求很高的就业方向，它不仅仅对创业者的体力或者脑力有要求，还对创业者的心理有要求。

创业从来就不是一件容易的事情，因为影响创业的因素非常多，如社会、政治、经济大环境，个人能力，团队能力，方向、路线选择，资金，等等。除非你具备很好的条件，如不差钱、有很靠谱的创业伙伴、方向正确且能力卓越等。

我在就业方面的建议是如果你有条件或能力，就优先选择在大公司就业；而对于自驱力强大并且有很好的主动工作意识的人，选择在小公司或者创业公司就业，也是没有问题的。

大公司的薪资福利、晋升管理制度相对来说比较完善，并且有较好的培训通道和可学习、请教的对象，对于初入职场的年轻人来说，在大公司工作更容易获得自我能力与自我价值的提升。不过大公司也有缺点，如它的主营业务通常比较稳定，负责主营业务工作的人很容易变成“螺丝钉”。而新业务通常伴随着较大的工作压力和风险：如果业务成功，那么职场新人将前途无量；如果业务失败，那么职场新人可能会失业。

小公司或者创业公司的优势显然就是大公司的劣势。小公司或者创业公司没有那么完善的规章制度，比较看重个体的主动性和责任心，好处就是如果你的自驱力很强，那么你完全有机会在更短的时间内获得更高的技能提升。所以，真可谓是“师父领进门，修行在个人。”

需要说明的是，运营目前看起来依然是一个在经验和年龄两个方面平衡较好的职位，但这也要取决于大家如何在每一段工作经历中留下自己的印记。

我建议大家在做职业生涯规划时，要有十足的功利心，但同时也要考虑自己在不同阶段以及在不同的公司中，能够做出什么样的业绩。

包装自己并不难，难的是去掉包装后，你是否还具备企业所需要的价值。这是值得每个人认真思考的问题。

最后我想和大家分享如何谈薪的话题。

每个人都希望工作付出的时间与精力能够换来对等的收入，这是人之常情。但是，我也见过一些候选人，他们对薪资的想法过于乐观。

谈薪受到大环境和小环境的共同影响，不能一概而论。虽然业内总有一些可以为应聘者带来 2~3 倍薪资增长的工作，但在大多数情况下，在你当前的薪资水平上上浮 30% 可能是更多的公司人力专员在审视你的涨薪要求时的一个上限比例。所以，除非你在现在的公司做出了极大的贡献，且你的目前薪资确实被严重低估，否则在谈薪时，想要超过这个上涨比例是非常困难的。

即使我们都希望看到由运营主导的互联网时代的来临，但这依然需要时间。

后　记

时间过得很快，距离《从零开始做运营》的出版，已经有3年多的时间了。又一次开始写后记，其实还蛮有意思的。

如今回想起自己当年在后记里提到的一个愿望，现在算是实现了。

当时我写道："关于潮流的部分……我是否能够带来互联网运营图书的写作潮流？"

我相信当初很多人（其实也包括我自己）在看到这段话的时候，都会觉得这是在白日做梦，但我实在没想到，不仅互联网运营类的图书市场火爆了起来，就连运营这个职位也开始受到了很多人的关注。

2016年、2017年这两年，有越来越多的应届生向我咨询该如何做运营，该从哪里入手。当时的我诚惶诚恐，生怕我的建议影响到一个人的未来，不论是好的影响还是坏的影响。

《从零开始做运营》得到了很多人的关注，评论有褒有贬，让我印象最深的是有读者说："看第一遍和看第二遍、第三遍的感受完全不同，尤其是结合自己的实际工作经历之后，感受会更加深刻。”

这让我很开心。

2017 年年初的时候，《从零开始做运营》的编辑朱丽君来问我，要不要考虑《从零开始做运营 2》的写作？我答应了，因为对于运营，我也有了一些全新的体会。当然，在《从零开始做运营》中遗漏的或者需要更新的部分也应该去补充与完善，同时，关于运营团队、职业规划的话题，也是我想与读者聊一聊的。

所以，我希望这本《从零开始做运营 2》能成为《从零开始做运营》的姊妹篇，它们既彼此独立，又有所关联。当然，我尽量避免两本书在内容上的重复，我甚至希望《从零开始做运营 2》可以对《从零开始做运营》有更多的补充和加强。

运营最好的年代其实就是现在，让我们珍惜这个年代吧。毕竟运营标准化的脚步越来越近了，实现标准化的那一天可能就是运营入行门槛构建完整的那一天，只不过，那时运营人的生活可能就没现在这么有趣了吧。

感谢所有读者的一路相伴，不论是之前出版的《从零开始做运营》，还是这一本《从零开始做运营 2》，我自始至终都希望它们能对你有所帮助，那样我就很开心了。